EXAMEN

DU

RAPPORT

DU 5 JUILLET 1843.

EXAMEN

DU

RAPPORT

DU 5 JUILLET 1843

SUR

LE PROJET DE LOI DE LA RÉFORME DES PRISONS

PARIS

IMPRIMERIE DE A. HENRY

8, rue Git-le-Cœur

1844

PRÉFACE.

Il me semble utile, au moment où l'on doit discuter le projet de loi sur la réforme des prisons, après avoir mis sous les yeux de la Chambre des Députés divers documents publiés par la Société de la Morale Chrétienne, d'en réunir quelques uns relatifs au rapport présenté à la Chambre le 5 juillet 1843.

Ce rapport est l'œuvre d'un écrivain renommé, membre de l'Académie française, et dont personne plus que moi ne reconnaît le mérite et n'estime le caractère.

Aussi me suis-je bien gardé d'opposer mon simple jugement au sien. Je me suis borné à recueillir les chiffres officiels attestés par le Gouvernement, et à les mettre à côté des chiffres du rapport. Je reste complètement étran-

Voyez surtout les opinions des inspecteurs des maisons centrales, celles des directeurs, et celles des médecins des prisons.

J'ose espérer que cette masse de documents qui réprouvent les principes du système cellulaire, qui démontrent l'inexactitude des faits et des calculs avancés pour le soutenir, et qui constatent les horribles excès auxquels il procure la facilité de se livrer, ainsi que les fatales conséquences qui en résultent, amèneront enfin la conviction dans l'esprit, et, j'ose dire, dans le cœur des membres des deux Chambres, et que le projet de loi sera rejeté.

LA ROCHEFOUCAULD-LIANCOURT,
Député du Cher.

EXAMEN

DU

RAPPORT

DU 5 JUILLET 1843,

SUR LA RÉFORME DES PRISONS.

———◆◆◆———

Après avoir soutenu avec constance depuis dix années la discussion au sujet du système cellulaire, il ne me reste plus qu'à repousser les arguments qui ont servi de bases au rapport présenté à la Chambre des Députés le 5 juillet 1843, au nom de la Commission chargée de l'examen du projet de loi sur la réforme des prisons. Le rapport commence par ces paroles :

« Le premier soin de la Commission a été de rechercher *si la réforme considérable et onéreuse qu'on a en vue se justifie par un grand besoin social.* » (1)

Voilà donc la première question à examiner : je l'accepte et je vais la discuter.

---

(1) Rapport à la Chambre des Députés, p 2.

On tranche peut-être un peu vite cette question, puisqu'on ajoute sur-le-champ :

« Le tableau de la criminalité qui a été mis sous les yeux des membres de la Commission, et en particulier celui des récidives, ne lui a point laissé de doutes à cet égard. »

Cela signifie sans doute que la Commission pense que la réforme *considérable et onéreuse* se justifie *par un grand besoin social*, et qu'elle fonde cette nécessité sur le tableau de la criminalité en général, et sur celui des récidives en particulier.

Commençons par le premier :

TABLEAU DE LA CRIMINALITÉ.

La Commission ne dit pas par qui il a été mis sous ses yeux. J'ai cherché à quelle source il a été puisé, je ne l'ai pas trouvée. Je vais donc, en comparaison de ce tableau, en présenter un qui a été mis sous mes yeux par MM. Persil, Sauzet, Barthe, Teste, Vivien et Martin (du Nord), qui, tous d'accord ensemble, ont établi des chiffres officiels qui prouvent que la Commission a été induite en erreur par les renseignements qui lui ont été donnés, et que le tableau qui a été mis sous ses yeux est entièrement inexact (1).

Voici le tableau officiel de la criminalité depuis l'année 1831, telle qu'elle a été constatée par MM. les Ministres de la justice, dans leurs comptes

(1 Rapport à la Chambre, p 3.

rendus au Roi, comparé avec le tableau produit par la Commission dans son rapport du 5 juillet 1843 (1).

NOMBRE TOTAL DES ACCUSÉS ET PRÉVENUS.

	Suivant le rapport à la Chambre.	Suivant MM. les Ministres de la justice.
1831.	69,225	264,054 (2)
1832.	73,061	228,982 (3)
1833.	69,994	212,079 (4)
1834.	72,299	180,682 (5)

(1) Rapport à la Chambre, p. 3.

(2) Ce chiffre de 264,054 se compose de :
1° 254,738, p. 13 du Compte-rendu de 1831.
2°   7,606, p. 4,   id.
3°   672, id.   id
4°   1,038, p. 12,   id

(3) Ce chiffre de 228,982 se compose de :
1° 219,735, p. 14 du Compte-rendu de 1832.
2°   7,565, p. 5,   id.
3°   743, p 12,   id.
4°   939, p. 13,   id.

(4) Ce chiffre de 212.079 se compose de :
1° 203,814, p. 12 du Compte-rendu de 1833.
2°   6,964, p. 2,   id.
3°   711, p. 11,   id.
4°   590, id.   id.

(5) Ce chiffre de 180,682 se compose de :
1° 172,862, p. 20 du Compte-rendu de 1834.
2°   6,952, p. 8,   id.
3°   530, p. 18,   id.
4°   348, p. 19,   id.

	Suivant le rapport à la Chambre (1).	Suivant MM. les Ministres de la justice.
1835.	75,022	172,960 (1)
1836.	79,930	186,572 (2)
1837.	83,226	201,753 (3)
1838.	88,940	200,977 (4)
1839.	91,742	199,133 (5)

(1) Ce chiffre de 172,960 se compose de :
1° 164,886, p. 17 du Compte-rendu de 1835.
2°   7,223, p. 6,   id.
3°   562, p. 16,   id.
4°   289, p. 17,   id.

(2) Ce chiffre de 186,572 se compose de :
1° 178.573, p. 16 du Compte-rendu de 1836.
2°   7,232, p. 4,   id.
3°   642, p. 12,   id.
4°   125, p 15,   id.

(3) Ce chiffre de 201,753 se compose de :
1° 193,065, p. 20 du Compte-rendu de 1837.
2°   8,094, p. 6,   id.
3°   498, p. 16,   id.
4°   96, p. 19,   id.

(4) Ce chiffre de 200,977 se compose de :
1° 192,254, p. 23 du Compte-rendu de 1838.
2°   8,014, p. 6,   id.
3°   631, p. 19,   id
4°   78, p. 23,   id.

(5) Ce chiffre de 199,133 se compose de :
1° 190,642, p. 15 du Compte-rendu de 1839.
2°   7,858, p. 2,   id.
3°   530, p. 11,   id.
4°   103, p 15,   id.

	Suivant le rapport à la Chambre.	Suivant MM. les Ministres de la justice.
1840.	98,336	213,310 (1)
1841.	96,324	195,985 (2)

On voit combien les chiffres officiels des comptes rendus au Roi diffèrent de ceux du rapport à la Chambre, et surtout comme ils établissent une décroissance continuelle au lieu de la progression continuelle de ceux présentés à la Chambre.

Je peux ajouter ici le tableau du nombre des accusés traduits aux cours d'assises.

1832.	8,227 (3)
1833.	6,964 (4
1834.	7,952 (5)
1835.	7,223 (6)
1836.	7,232 (7)

(1) Ce chiffre de 213,310 se compose de :
1° 204,401, p. 16 du Compte-rendu de 1840.
2° 8,226, p. 3, id.
3° 628, p. 13, id.
4° 55, p. 16, id.
(2) Ce chiffre de 195,985 se compose de :
1° 187,781, p. 17 du Compte-rendu de 1841.
2° 7,462, p. 3, id.
3° 632, p. 14, id.
4° 110, p. 17, id.
(3) Compte-rendu de 1832, p. 3.
(4) Id. 1833, 2.
(5) Id. 1834, p. 8.
(6) Id. 1835, p. 6.
(7) Id. 1836, p. 4.

1837.	8,094 (1)
1838.	8,014 (2)
1839.	7,858 (3)
1840.	8,226 (4)
1841.	7,462 (5)

Ainsi, comment peut-on prétendre que le chiffre de la criminalité *s'élève graduellement d'année en année,* lorsqu'il est constaté que le nombre total des accusés et prévenus est diminué de 68,069, provenant de 195,985 en 1841, au lieu de 264,054 en 1831, c'est-à-dire de plus d'un quart; et que celui des accusés en cours d'assises, de 8,227 en 1832, est descendu à 7,462 en 1841 ?

Ce résultat est encore prouvé par un autre tableau que MM. les Ministres de la justice ont présenté au Roi, et qui démontre avec une évidence incontestable l'état de la criminalité.

Voici ce tableau :

Il y avait en 1828 un accusé sur 4,307 habitants (6). On peut partir de là, pour suivre la criminalité, proportionnellement à la population.

En 1829 . . 1 sur . . 4,321 (7).

(1) Compte-rendu de 1837, p. 6.
(2)   Id.   1838, p. 2.
(3)   Id.   1839, p. 2.
(4)   Id.   1840, p. 3.
(5)   Id   1841, id.
(6)   Id   1829, p. 4.
(7)   Id   id. id.

1830 . . . . 4,576 (1).
1831 . . . . 4,281 (2).
1832 . . . . 4,304 (3).
1833 . . . . 4,676 (4).
1834 . . . . 4,684 (5).
1835 . . . . 4,644 (6).
1836 . . . . 4,638 (7).
1837 . . . . 4,144 (8).
1838 . . . . 4,185 (9).
1839 . . . . 4,268 (10).
1840 . . . . 4,077 (11).
1841 . . . . 4,583 (12).

Tels sont les chiffres officiels attestés par tous les Ministres.

On voit donc que la criminalité en France est beaucoup moindre qu'elle n'était en 1828 (13), et que si elle est un peu plus forte qu'en l'année 1834,

---

(1) Compte-rendu de 1830, p. 4.
(2) Id.   1831, p. 5.
(3) Id.   1832, p. 5.
(4) Id.   1833, p. 3.
(5) Id.   1834, p. 8.
(6) Id.   1835, p. 6.
(7) Id.   1836, p. 4.
(8) Id.   1837, p. 7.
(9) Id.   1838, p. 6.
(10) Id.   1839, p. 2.
(11) Id.   1840, p. 3.
(12) Id.   1841, p. 3.
(13) 1 sur 4,583, au lieu de 1 sur 4,307.

qui a été la meilleure de toutes, elle est toutefois tellement satisfaisante, que l'année 1841 est, après les treize années précédentes, meilleure que neuf d'entre elles (1), et moins bonne que quatre seulement (2), et qu'elle est, comme je l'ai déjà dit, la meilleure des cinq dernières.

Il n'y a donc pas accroissement graduel d'année en année de la criminalité, ainsi que le dit la Commission (3). Il y a, au contraire, une décroissance considérable de la criminalité, non-seulement d'un huitième sur 1840 (4), mais aussi de près d'un neuvième sur 1837 (5), d'un dixième sur 1838 (6), et d'un quinzième sur 1828, et sur 1829 (7).

Mais j'ai encore quelque chose à dire sur ce point.

Quand on veut constater la criminalité dans une nation, ce ne sont pas les accusations et le nombre des accusés qu'il faut rechercher, ce sont les condamnations et le nombre des condamnés qui prouvent l'état moral du pays, car c'est là seulement qu'on trouve la criminalité.

---

(1) Meilleure que 1828, 1829, 1830, 1831, 1832, 1837 et suivantes.

(2) 1833, 1834, 1835 et 1836.

(3) Rapport à la Chambre, p. 3 et 4.

(4) 1 sur 4,583, au lieu de 1 sur 4,077.

(5) 1 sur 4,583, au lieu de 1 sur 4,144.

(6) 1 sur 4,583, au lieu de 1 sur 4,185.

(7) 1 sur 4,583, au lieu de 1 sur 4,307 et 4,321.

C'est donc à l'égard des condamnés, qu'il faut examiner les tableaux officiels publiés successivement par tous les Ministres de la justice.

En voici le résumé :

NOMBRE DES CONDAMNÉS DE 1826 A 1841.

	Aux peines infamantes	Aux peines correctionnelles.
1826.	2,805	1,543 (1)
1827.	2,708	1,528 (2)
1828.	2,759	1,792 (3)
1829.	2,622	1,853 (4)
1830.	2,347	1,783 (5)
1831.	2,160	1,938 (6)
1832.	2,037	2,411 (7)
1833.	1,679	2,426 (8)
1834.	1,699	2,465 (9)
1835.	1,779	2,628 (10)
1836.	1,693	2,930 (11)

---

(1) Compte-rendu de 1827, p. 15.
(2)   Id.   Id.   id.
(3)   Id.   1831, p. 9.
(4)   Id.   id.   id.
(5)   Id.   id.   id.
(6)   Id.   id.   id.
(7)   Id.   1832, p. 9.
(8)   Id.   1836, p. 9.
(9)   Id.   id.   id.
(10) Id.   id.   id.
(11) Id.   id.   id.

	Aux peines infamantes.	Aux peines correctionnelles.
1837.	1,848	3,269 (1)
1838.	2,051	3,110 (2)
1839.	1,952	3,111 (3)
1840.	2,326	3,150 (4)
1841.	2,046	2,970 (5)

On voit ici que c'est avec raison que M. le Garde des sceaux a affirmé qu'il y avait un progrès soutenu dans la sûreté , et un progrès constant aussi dans la fermeté de la répression (6); d'où il résulte qu'il est impossible que l'état moral du pays soit de nature à faire naître des craintes très-sérieuses, ainsi que le dit la Commission (7). On voit aussi que c'est avec raison que M. le Garde des sceaux a nié qu'il y ait eu augmentation des premiers crimes (8), ainsi que le dit aussi la Commission ; et qu'au contraire, c'est encore avec raison, dis-je, que M. le Garde des sceaux s'est réjoui, dans son rapport au Roi sur 1841, *de la diminution notable*, dit-il, *dans le nombre des crimes et des délits* (9), en ajoutant que ce *résultat satisfaisant est un de ceux qui at-*

(1) Compte-rendu de 1841, p. 9.
(2)   Id.   id.   id.
(3)   Id.   id.   id.
(4)   Id.   id.   id.
(5)   Id.   id.   id.
(6) Compte-rendu de 1841, p. 32.
(7) Rapport à la Chambre, p. 4.
(8)   Id.   p. 6.
(9) Compte-rendu pour 1841, p. 32.

testent la bonne administration de la justice (1).

En effet, on voit en 1841, 2,046 condamnés à des peines afflictives et infamantes, au lieu de 2,326 l'année précédente, ou 280 de moins (2). Il est vrai aussi que le nombre total des condamnés aux cours d'assises a fort diminué, puisqu'au lieu de 5,476, il est descendu à 5,016, ce qui fait 460 de moins (3).

Voici le tableau qui le prouve dans les cinq dernières années :

Condamnés par les cours d'assises (4).

1837.	1838.	1839.	1840.	1841.
5,117.	5,161.	5,063.	5,476.	5,016.

On remarque même une diminution bien plus considérable à l'égard des condamnés aux peines afflictives et infamantes, si l'on compare 1841 à 1826, puisque de 2,805 (5) on est descendu à 2,046 (6), ce qui fait 759 condamnés de moins.

Mais ici, il ne faut pas présenter l'état des choses meilleur qu'il n'est. Il ne faut pas attribuer à l'amélioration morale du pays ce qui appartient en partie aux modifications apportées dans la législation en 1832.

---

(1) Compte-rendu de 1841, p. 32.
(2) Id.   id. p. 9.
(3) Id.   id.   id.
(4) Id.   id.   id.
(5) Id.   1827, p. 5.
(6) Id.   1841, p. 9.

Ceci nous amène à reconnaître exactement la vérité.

En 1832, la législation a été adoucie; voilà ce qui a produit les changements que l'on remarque dans le tableau en cette année et dans les suivantes, à l'égard du nombre proportionnel des condamnés aux peines infâmantes et des condamnés aux peines correctionnelles.

La vérité est, qu'il y avait avant 1832, environ 3,000 condamnés aux peines infamantes (1), et près de 2,000 aux peines correctionnelles (2). Depuis 1832, il n'y a plus que 2,000 condamnés aux peines infamantes (3), mais il y en a près de 3,000 aux peines correctionnelles (4).

On voit ainsi combien est irréfléchie cette crainte perpétuelle de quelques magistrats qui persistent à affirmer, malgré les dénégations constantes de tous les Ministres de la justice, que le nombre des crimes va sans cesse augmentant, et qui ne présentent à l'appui de cette assertion que l'accroissement des condamnations correctionnelles, lorsqu'il est prouvé qu'il ne provient que des changements dans la législation, et qu'elles ne s'accroissent qu'à

---

(1) 2,805 en 1826.

(2) 1,853 en 1829, et 1,938 en 1831.

(3) 1,952 en 1839, et 2,046 en 1841.

(4) 2,970 en 1841.

proportion que celles afflictives et infâmantes décroissent en même temps.

C'est donc avec raison , que M. le Garde des sceaux constate, dans son rapport au Roi sur 1841, *l'uniforme régularité avec laquelle,* dit-il, *les mêmes passions et les mêmes vices engendrent chaque année le même nombre de crimes ou de délits* (1). La qualification seule change suivant les prescriptions de la loi.

Voilà donc réfuté péremptoirement par le Gouvernement lui-même, par tous les Ministres de la justice avec des chiffres incontestables, dans les comptes officiels rendus au Roi, le premier argument sur lequel la Commission s'appuie. Ainsi, dis-je, on ne doit pas croire *que le nombre total des accusés et des prévenus s'élève graduellement d'année en année* (2), suivant le tableau entièrement fautif qu'en a donné la Commission, puisque la vérité est que le chiffre total était, en 1831, de 264,054 (3), et qu'il est, en 1841, de 195,985 (4).

On ne doit pas croire que l'état actuel de la criminalité *soit,* ainsi que le dit la Commission, *de na-*

---

(1) Compte-rendu de 1841, p. 16.

(2) Rapport à la Chambre, p. 3.

(3) Compte-rendu de 1831, p. 4, 12 et 13.

(4) Compte-rendu de 1841, p. 3, 14 et 17.

ture à faire naître des craintes très-sérieuses (1) , puisqu'il y a eu cette année un dixième de moins d'accusés traduits aux cours d'assises sur l'année précédente (2), et à peu près un dixième aussi de moins de condamnés par elles (3), et un huitième de moins quant aux peines infâmantes (4). Enfin, on ne doit pas croire que *ces chiffres accusent*, ainsi que le dit la Commission, *un mal auquel il est urgent d'apporter remède* (5), puisque, grâce en partie à la législation et en partie à l'amélioration morale du pays, on voit les condamnations infâmantes diminuées de plus d'un quart en 1841 sur 1826 (6), ou du moins d'un huitième sur 1840 et un peu sur 1838. En un mot, il est très-certain qu'on ne peut plus soutenir, devant de tels chiffres, que la réforme *considérable et onéreuse qu'on a en vue, se justifie par un grand besoin social* (7).

Passons au second tableau sur lequel la Commission fonde en seconde ligne, *ce grand besoin social.*

---

(1) Rapport à la Chambre, p. 4.

(2) 7,462 au lieu de 8,226, p. 3 du Compte rendu de 1841.

(3) 5,016 au lieu de 5,476, p. 9 du Compte-rendu de 1841.

(4) 2,046 au lieu de 2,326, p 9 du Compte-rendu de 1841.

(5) Rapport à la Chambre, p. 4.

(6) 2,046 au lieu de 2,805, p. 9 du Compte rendu de 1841, et p. 9 du Compte-rendu de 1831.

(7) Rapport à la Chambre, p. 2.

TABLEAU DES RÉCIDIVES.

La Commission , après avoir déclaré de prime-abord que le *tableau des récidives ne lui a point laissé de doutes sur la nécessité d'une réforme considérable et onéreuse* (1), n'a point jugé à propos de produire ce tableau , mais regardant apparemment la question comme résolue, elle a parlé plusieurs fois des récidives comme le symptôme d'un mal qui exige des remèdes *plus puissants que ceux dont on a fait usage jusqu'ici* (2).

Voyons donc ce qu'il faut penser des récidives.

D'abord, on doit avoir peu de confiance dans les statistiques anciennes. Ce n'est pas moi qui les réprouve, ce sont les Ministres de la justice qui ont déclaré officiellement 1° qu'on n'avait fait aucune recherche des récidives avant 1828 (3); 2° que de 1828 jusqu'à 1833 on avait calculé suivant des moyennes approximatives qui étaient toujours inexactes (4); 3° que ce n'est qu'à compter de 1833 que les trois Ministres de la justice, de l'intérieur et de la marine se sont concertés pour former des listes individuelles au moyen desquelles on a ob-

---

(1) Rapport du 5 juillet 1842, p. 2.
(2) Id., p. 17.
(3) Compte rendu pour 1833 , p. 15.
(4) Id.   id.

tenu pour la première fois une exactitude rigou-
reuse (1).

M. Persil, qui a créé le nouveau calcul, a déclaré
que jusqu'à cette époque on avait compté le nombre des récidives par un mode qui n'était ni exact
ni satisfaisant (2). On ne doit donc avoir confiance
qu'à ce qui a été constaté depuis 1833 (3), et les
chiffres que je vais rapporter ont été produits et
certifiés dans les comptes officiels rendus au Roi
par MM. les Ministres de la justice successivement
depuis 1833 jusqu'à 1841.

Mais avant de produire ce tableau, je dois attester un autre document officiel qui confirme et démontre la vérité de l'assertion de M. Persil, en ex-
pliquant complètement la cause véritable de l'accroissement apparent et non réel des récidives.

Lorsque M. le Ministre de l'intérieur a demandé
aux Directeurs des maisons centrales des renseignements sur le nombre des récidives parmi les détenus, voici ce qu'ils lui ont répondu en 1836 (4).

Clairvaux : « Des comptes rendus de l'administration de la justice criminelle, il résulte que depuis 1816 un plus grand nombre de condamnations
en récidive a été constaté chaque année, et c'est l'o-

---

(1) Compte rendu pour 1833, p. 15.
(2) Id.   Id.
(3) Id.   Id.
(4) Réponse des directeurs, 1836.

pinion générale que le nombre des condamnés en récidive suit une progression toujours ascendante. Cette opinion peut être vraie ; mais il peut être vrai aussi que la progression aperçue ne soit qu'apparente, que les faits de récidive ne soient pas en réalité plus nombreux, et que seulement les moyens de les découvrir se soient progressivement perfectionnés » (1).

Baulieu a dit plus explicitement encore : « Il n'y a qu'un très-petit nombre d'années que l'on tient dans ces établissements des registres des récidives et que les procureurs du Roi en mentionnent les cas sur les extraits d'arrêt ou de jugement. La première année, il a fallu faire des recherches d'autant plus difficiles pour en constater le nombre, que nous manquions de documents certains, et que les condamnés, qui ont intérêt à cacher leur état, s'enveloppent toujours d'un grand mystère à cet égard. Plusieurs ont donc pu échapper à cette première investigation, et tous n'ont pas été reconnus à celles des années suivantes ; mais le nombre que l'on dé couvrait chaque année était ajouté à celui de l'année précédente ; voilà ce qui a été une cause réelle de l'augmentation du chiffre, sans pour cela que celui des condamnés en état de récidive fût plus grand. Ce qui s'est passé à Beaulieu a dû exister dans les

---

(1) Réponse des directeurs, 1836, p. 81.

autres établissements ; de là un accroissement pure-
ment apparent du nombre des récidives (1). »

Ces assertions viennent d'être confirmées encore
en ce moment par le digne et habile directeur d'une
de nos prisons les plus considérables. Voici ce qu'il
écrit (2) :

« En 1828, les employés chargés de la garde des
prisonniers ne les connaissaient pas, parce qu'on
ne cherchait pas à les connaître. Les condamnés n'é-
taient même pas interrogés à leur arrivée sur leurs
antécédents. L'administration ne pouvait donc four-
nir aucun renseignement à la justice. Aujourd'hui,
c'est tout autrement. Chaque détenu, en arrivant,
est appelé au greffe; il est interrogé sur sa position;
s'il cache la vérité, il est bientôt vendu par ses camarades; et aucun des récidifs n'échappe aux in-
vestigations de l'administration, quoique la plupart
aient changé de nom. »

Il ajoute : « Si on les met en cellule, et qu'on par-
vienne, comme on le prétend, à obtenir qu'ils ne
puissent se connaître, tous ces moyens échapperont
à la justice et à l'administration ; beaucoup moins
de récidives seront reconnues. »

Il ajoute encore avec une prévision très-juste :
« Alors, on prônera bien haut les avantages du sys-

(1) Réponses des Directeurs, 1836.
(2) Réfutation des chiffres du rapport, p. 6.

tème cellulaire ; et cependant, il n'y aura pas un récidif de moins dans les prisons, s'ils ne sont pas plus nombreux (1). »

Au surplus, voici le tableau officiel extrait des comptes rendus de la justice criminelle, et qui prouve incontestablement la marche des récidives (2).

1° Les libérés des bagnes, qui ont récidivé dans l'année même de leur sortie, sont depuis cinq ans, jusqu'en 1841, ainsi qu'il suit :

1837	1838	1839	1840	1841
56	50	61	59	39 (3)

2° Ceux qui ont récidivé dans la première année après celle de leur sortie jusqu'en 1840, sont

1836	1837	1838	1839	1840
78	87	62	57	51 (4)

3° Ceux qui ont récidivé dans la deuxième an-

---

(1) Ecrit intitulé : Quelques notes sur le rapport de la Commission, p. 1re.

(2) Compte-rendu pour 1833, p. 15.

(3) Compte-rendu pour 1837, p. 202, tab. cxx.

Id. 1838, id. id.

Id. 1839, p. 204, tab. cxxii.

Id. 1840, id. id.

Id. 1841, id. id.

(4) Compte-rendu pour 1837, p. 204, tab. cxxii, 116-38=78.

Id. 1838, id. id. 143-56=87.

Id. 1839, p. 206, tab. cxxiv, 112-50=62.

Id. 1840, id. id. 118-61=57.

Id. 1841, id. id. 110-59=51.

née après celle de leur sortie jusqu'en 1839, sont :

1835	1836	1837	1838	1839
36	24	43	35	17 (1)

4° Ceux qui ont récidivé dans la troisième année après celle de leur sortie, jusqu'en 1838, sont :

1834	1835	1836	1837	1838
23	27	21	27	17 (2)

5° Ceux qui ont récidivé dans la quatrième année après celle de leur sortie jusqu'en 1837, sont :

1833	1834	1835	1836	1837
19	15	20	11	11 (3)

Ce calcul remonte à ces cinq années avant et y compris 1837 jusqu'en 1833, où je dois m'arrêter, puisqu'au-delà on ne peut, suivant M. Persil, rien trouver d'exact et de satisfaisant.

---

(1) Compte-rendu pour 1837, p. 206, tab. cxxiv, 155-119=36.
  Id.   1838, id.   id.   140-116=24.
  Id.   1839, p. 208, tab. cxxvi, 186-143=43.
  Id.   1840, id.   id.   147-112=35.
  Id.   1841, id.   id.   135-118=17.
(2) Compte-rendu pour 1837, p. 208, tab. cxxvi, 152-129=2?.
  Id.   1838, id.   id.   182-155=27.
  Id.   1839, p. 210, tab. cxxviii, 161-140=21.
  Id.   1840, id.   id.   213-186=27.
  Id.   1841, id.   id.   164-147=17.
(3) Compte-rendu pour 1837, p. 210, tab. cxxviii, 220-201=19.
  Id.   1838, id.   id.   167-152=15.
  Id.   1839, p. 212, tab. cxxx, 202-182=20.
  Id.   1840, id.   id.   172-161=11.
  Id.   1841, id.   id.   224-213=11.

D'ailleurs, c'est un examen de dix années, et c'est assez de prouver que les récidives des grands criminels diminuent constamment depuis dix ans.

Remarquons bien ce que dit ce tableau :

Les libérés de 1833 qui ont récidivé en 1837, dans la cinquième année de leur sortie du bagne, sont au nombre de 19 (1); et ceux de 1837 qui ont récidivé en 1841 ne sont plus qu'au nombre de 11 (2).

Les libérés de 1834 qui ont été repris en 1837, dans la quatrième année de la sortie, sont au nombre de 23 (3); et ceux de 1838 qui ont été repris en 1841 sont seulement 17 (4).

Les libérés de 1835 poursuivis de nouveau en 1837, dans la troisième année de leur sortie, sont au nombre de 36 (5); et ceux de 1839 poursuivis en 1841, seulement 17 (6), plus de moitié moins.

---

(1) 220 du Compte-rendu pour 1837, p. 210, tab. cxxviii, moins 201 du Compte-rendu pour 1836, p. 210, tab. cxxvii.

(2) 224 du Compte-rendu pour 1841, p. 212, tab. cxxx, moins 213 du Compte-rendu pour 1840, p. 210, tab. cxxviii.

(3) 152 du Compte-rendu pour 1837, p. 208, tab. cxxvi, moins 129 du Compte-rendu pour 1836, p. 208, tab. cxxv.

(4) 164 du Compte-rendu pour 1841, p. 210, tab. cxxviii, moins 147 du Compte-rendu pour 1840, p. 208, tab. cxxvi.

(5) 155 du Compte-rendu pour 1837, p. 206, tab. cxxiv, moins 119 du Compte-rendu pour 1836, p. 206, tab. cxxiii.

(6) 135 du Compte-rendu de 1841, p. 208, tab. cxxvi, moins 118 du Compte-rendu de 1840, p. 206, tab. cxxiv.

Les libérés de 1836 qui ont récidivé en 1837, dans la deuxième année de leur sortie, sont 78 (1) ; et ceux de 1840 ayant récidivé en 1841, ne sont plus que 51 (2).

Enfin, en 1837, dans l'année même de la sortie, on a constaté 56 récidivistes (3) ; et en 1841, on n'en a repris de tels que 39 (4).

Il est vrai qu'on est convenu assez généralement qu'il y a décroissance des crimes attentatoires aux personnes, et on persiste à penser qu'il y a accroissement des crimes contre les propriétés. On trouve encore ici une réfutation manifeste de cette opinion, à l'égard des récidives; car le même calcul fait pour les bagnes où sont les grands criminels est applicable aux maisons centrales où sont enfermés les voleurs.

1° Les libérés des maisons centrales qui ont récidivé dans l'année même de leur sortie, sont depuis cinq ans jusqu'en 1841, ainsi qu'il suit :

---

(1) 116 du Compte-rendu pour 1837, p. 204, tab. cxxii, moins 38 du Compte-rendu pour 1836, p. 204, tab. cxxi.

(2) Le Compte-rendu pour 1841, p. 206, tab. cxxiv, porte 110, moins 59 du Compte-rendu pour 1840, p. 204, tab. cxxii.

(3) Compte-rendu pour 1837, p. 202, tab. cxx.

(4) Compte-rendu pour 1841, p. 204, tab. cxxii.

1837	1838	1839	1840	1841.
685	737	665	723	689 (1).

2° Ceux qui ont récidivé dans la deuxième année de leur sortie, jusqu'en 1840, sont ainsi :

1836	1837	1838	1839	1840.
645	758	707	754	783 (2).

Ceux qui ont récidivé dans la troisième année de leur sortie, jusqu'en 1839, sont ainsi :

1835	1836	1837	1838	1839.
273	350	274	317	286 (3).

4° Ceux qui ont récidivé dans la quatrième année de leur sortie, jusqu'en 1838, sont ainsi :

---

(1) Compte-rendu pour 1837, p. 202, tab. cxx.
     Id.   1838,   id.   id.
     Id.   1839, p. 204, tab. cxxii.
     Id.   1840,   id.   id.
     Id   1841,   id.   id.

(2) Compte-rendu pour 1837, p. 204, tab. cxxii, 1188, moins 543.
     Id.   1838,   id.   id.   1443-685.
     Id.   1839, p. 206, tab. cxxiv, 1444-737.
     Id.   1840,   id.   id.   1419-665.
     Id.   1841,   id.   id.   1506 723.

(3) Compte-rendu pour 1837, p. 206, tab. ccxxiv, 1472-1199.
     Id.   1838,   id.   id.   1538-1188.
     Id.   1839, p. 208, tab. cxxvi, 1717-1443.
     Id.   1840,   id.   id.   1761-1444.
     Id.   1841,   id.   id.   1705-1419.

1834   1835   1836   1837   1838.

171   149   160   179   161 (1).

5° Ceux qui ont récidivé dans la cinquième année de leur sortie, jusqu'en 1837, sont ainsi :

1833   1834   1835   1836   1837.

121   130   113   110   127 (2).

On voit que s'il se rencontre dans ce calcul quelques atténuations passagères qui n'ont pas été sui-
vies, il est constaté en même temps que la décroissance des récidives a été constante.

Ainsi, 130 libérés de 1834 (3) ont récidivé dans
la cinquième année de leur sortie, et ceux de 1837
sont au nombre de 127 (4), qui ont récidivé de
même dans leur cinquième année.

On en compte aussi 171 de 1834 qui ont récidivé

---

(1) Compte-rendu pour 1837, p. 208, tab. cxxvi, 1393-1222.
        Id.   1838, id.   id.   1621-1472.
        Id.   1839, p. 210, tab. cxxviii, 1698-1538.
        Id.   1840, id.   id.   1896-1717.
        Id.   1841, id.   id.   1922-1761.
(2) Compte-rendu pour 1837, p. 210, tab. cxxviii, 1394-1273.
        Id.   1838, id.   id.   1523-1393.
        Id.   1839, p. 212, tab. cxxx, 1734-1621.
        Id.   1840, id.   id.   1808-1698.
        Id.   ·   1841, id.   id.   2023-1896.
(3) 1523 du Compte-rendu de 1838, p. 210, tab. cxxviii, moins
1393 du Compte-rendu pour 1837, p. 208, tab. cxxvi.
(4) 2023 du Compte-rendu de 1841, p. 212, tab. cxxx, moins
896 du Compte-rendu de 1840, p. 210, tab. cxxviii.

dans la quatrième année de leur sortie (1) ; et ceux de 1838, qui ont été dans le même cas, sont au nombre de 161 (2).

Les libérés de 1836 ont été 350 repris dans la troisième année de leur sortie (3). Et les libérés de 1839, dans le même cas, seulement au nombre de 286 (4).

Parmi ceux de 1837, 758 ont récidivé dans la deuxième année de leur sortie (5) ; et on en compte de ceux de 1840, 783 (6) : c'est la seule exception à la décroissance. Elle tient à cette malheureuse année 1840 dont j'ai déjà signalé la funeste influence, et qui, en jetant partout les cris de guerre, a répandu partout le trouble et accru partout la criminalité (7).

Enfin, en 1838, 737 ont récidivé dans l'année mê-

---

(1) 1393 du Compte-rendu pour 1837, p. 208, tab. cxxvi, moins 1222 du Compte-rendu pour 1836, p. 208, tab. cxxv.

(2) 1922 du Compte-rendu de 1841, p. 210, tab. cxxviii, moins 1761 du Compte-rendu de 1840, p. 208, tab. cxxvi.

(3) 1538 du Compte-rendu pour 1838, p. 206, tab. cxxiv, moin 1188 du Compte-rendu de 1837, p. 204, tab. cxxii.

. (4) 1705 du Compte-rendu pour 1841, p. 208, tab. cxxvi, moins 1419 du Compte-rendu pour 1840, p. 206, tab. cxxiv.

(5) 1443 du Compte-rendu pour 1838, p 204, tab. cxxii, moins 685 du Compte-rendu pour 1837, p. 202, tab. cxx.

(6) 1506 du Compte-rendu pour 1841, p. 206, tab. cxxiv, moins 723 du Compte-rendu pour 1840, p. 204, tab. cxxii.

(7) Voir *Journal de la Société de la Morale chrétienne*, t. 24, n° 2, p. 70 et suiv.

me de leur sortie (1) ; et en 1841, on n'en a compté
que 689 (2).

Il y a donc décroissance constante dans les récidives, et l'erreur de ceux qui ont présenté des tableaux
favorables à une opinion opposée est venue de ce
qu'ils réunissaient des chiffres dissemblables. Je me
suis appliqué, au contraire, à distinguer chaque
classe de récidivistes, et à ne comparer que des nom-
bres de la même nature, applicables à la même espèce de situation.

Il est surtout très-satisfaisant d'entendre M. le
Garde des Sceaux dire officiellement au Roi, dans
son compte-rendu pour 1841 : « On constate chaque année, parmi les récidivistes, une diminution
dans le nombre proportionnel des libérés des peines
afflictives et infamantes, devenus l'objet de nouvelles
poursuites (3). »

En effet, en voici encore une autre preuve : M. le
Garde des Sceaux a constaté qu'il y avait 23 sur 100
de libérés de peines infamantes parmi les accusés en
récidive, jugés de 1830 à 1834 (4), et qu'il n'y en
avait eu que 14 sur 100 parmi les accusés en récidive, jugés en 1841 (5). Ainsi, la criminalité a di-

(1) Compte-rendu pour 1838, p. 202, tab. cxx.
(2) Compte-rendu pour 1841, p. 204, t. cxxii·
(3) Compte-rendu pour 1841, p. 21 et 22.
(4)   Id.   p. 22.
(5)   Id.   id.

minué d'un tiers parmi les libérés qui ont été les plus coupables, et qui sont regardés comme les hommes les plus dangereux de la société.

RECTIFICATION DES CHIFFRES.

Après avoir exposé nettement l'état actuel des récidives, je suis forcé de rectifier les chiffres qui s'y rapportent dans le rapport du 5 juillet 1843. On dit qu'il y avait eu, en 1828, seulement 108 accusés en récidive sur 1,000, tandis qu'il y en a 237 actuellement (1). Je suis forcé de déclarer que les comptes officiels de la justice prouvent qu'il y a ici erreur de moitié en sus à rapporter au chiffre de la Commission. Il y avait, en 1828, 7396 accusés (2). S'il n'y en avait eu que 108 en récidive par 1,000, ce serait 799. Mais au contraire, à 108, ajoutez moitié en sus pour l'erreur de la Commission, vous aurez 160 par 1,000, qui produira exactement le chiffre vrai ; car, sur 7396 accusés en 1828, il y en avait 1,182 en récidive (3).

En passant sur ces chiffres, on remarque qu'en 1828 il y avait donc 7,396 accusés. Ils se sont élevés à 7,606 en 1831, et à 8,227 en 1832 (4). En 1841,

---

(1) Rapport, p. 6.
(2) Compte-rendu pour 1828, p. 2.
(3)   Id.   p. 11.
(4) Compte-rendu pour 1832, p. 3 et 4.

le chiffre est de 7,462 (1); c'est bien peu de plus qu'en 1828, et 144 de moins qu'en 1831, et 765 de moins qu'en 1832. Ainsi, notre situation est donc fort améliorée de ce qu'elle était il y a dix ans, en 1832.

Je viens à présent au chiffre des prévenus en récidive, que le rapport produit avec autant d'inexactitude que les autres. Il dit qu'en 1828, sur 1,000 prévenus, il y 'en avait 60 en récidive (2). Je dois observer d'abord qu'ici, comme pour les accusés, le rapport ne cite ni le chiffre total des prévenus, ni le chiffre des récidivistes. Il n'est donc pas possible de vérifier le calcul, et dès lors ce n'est qu'une assertion dénuée de toutes preuves. Mais nous avons pour nous éclairer le compte-rendu au Roi, qui démontre que cette assertion est comme toutes les autres, dénuée aussi de tout fondement. Le compte-rendu porte que le nombre des prévenus, en 1828, a été de 172,300 (3), et que le nombre de ceux en récidive a été de 3,578 (4); c'est donc bien moins que 60 par 1,000; il y a les deux tiers d'erreur, car ce ne serait pas même 21 par mille (5). Mais c'est ici que s'applique le juste et utile avertissement que

---

(1) Compte-rendu pour 1841, p. 3.
(2) Rapport, p. 6.
(3) Compte-rendu pour 1828, p. 9.
(4)   Id.   p. 12.
(5) 21 par mille sur 172,300 font 3,618.

nous a donné M. Persil. Ce n'est qu'en 1833 qu'on a commencé à recueillir des listes individuelles et à constater exactement les récidives. Les chiffres de 1828 sont donc complètement inexacts, et la commission, avertie par M. Persil, ne devait pas les produire. Mais ce qui semble fort étrange, c'est que le chiffre de 1841 soit méconnu par elle, quand il vient d'être mis sous ses yeux par M. le Garde-des-Sceaux. Car elle dit qu'en 1841, on comptait 154 prévenus en récidive sur mille, tandis qu'on n'en comptait que 60 en 1828 (1); et il est constaté, au contraire, par les chiffres du compte-rendu par M. le Garde des Sceaux, qu'il n'y en a eu en 1841 que 60 par mille, car il y avait 187,781 prévenus (2), et 11,441 étaient en récidive, ce qui produit bien exactement le chiffre de 60 par 1,000 (3), de sorte que, si le calcul de la Commission pour 1828 était exact, il en résulterait que, de son propre aveu, le chiffre des récidives serait exactement le même qu'il était alors, et qu'il n'y aurait eu aucune augmentation depuis quinze années.

Observons, en passant sur ces chiffres, que voilà, en 1841, 187,781 prévenus, et qu'il y en eut, en

---

(1) Rapport, p. 6.

(2) Compte-rendu pour 1841, p. 17.

(3)   Id.   p. 22.

(4) 61 par mille sur 187,781 font 11,455.

1837, 193,065 (1); et qu'à l'égard de l'accroissement apparent des récidives qui était dû, comme je
l'ai dit, au nouveau mode de recherche, il est complètement arrêté, puisque voilà 11,441 prévenus en
récidive, et qu'il y en avait eu en 1840 11,842 (2).

Mais il est évident que c'est seulement sur le
chiffre des condamnés et seulement dans les crimes
graves, c'est-à-dire dans les cours d'assises, qu'il
est important de juger de la proportion des récidives.

Or, voici le calcul exact dans les cinq dernières
années

	1837	1838	1839	1840	1841
Condamnés...	5,117	5,161	5,063	5,476	5,016 (3)
Récidifs......	1,425 (4)	1,456 (5)	1,481 (6)	1,623 (7)	1,525 (8)
Sur 100......	28	28	29	29	30

Voilà donc une légère augmentation dans la proportion, mais voilà aussi une considérable diminution de condamnés, et, sous ce rapport, l'année
1841 est, comme je l'ai dit, la meilleure des cinq
dernières. Mais on remarque en même temps, dans

---

(1) Compte-rendu pour 1837, p. 20.
(2) Compte-rendu pour 1841, p. 22.
(3) Compte-rendu pour 1841, p. 9.
(4) Compte-rendu pour 1837, p. 169, tab. CIII, 1732-307.
(5) Compte-rendu pour 1838, p. 169, tab. CIII, 1763-307.
(6) Compte rendu pour 1839, p. 171, tab. CV, 1749-268.
(7) Compte-rendu pour 1840, p. 171, tab. CV, 1903-280.
(8) Compte-rendu pour 1841, p. 171, tab. CV, 1772-247.

cette même année, une diminution considérable aussi du nombre des récidives sur le chiffre de 1840. Or, que la proportion reste égale : qu'importe? Qu'importerait même qu'elle augmentât, si le nombre des crimes diminuait? Croit-on que si le chiffre des condamnés de 5,016 se réduisait à 3,000, et que les récidives fussent encore de 14 ou de 1,500, c'est-à-dire de 50 sur cent au lieu de 30, ce serait un malheur? Non, assurément; ce serait, au contraire, doublement heureux; puisque, d'une part, il y aurait dans la nation un moins grand nombre de criminels, et, d'autre part, les crimes se concentreraient entre un plus petit nombre d'hommes.

Voilà pourquoi on ne doit pas s'effrayer s'il existe, comme le dit la Commission, 40 pour cent de récidifs dans les maisons centrales (1). La Commission n'en a point recherché l'origine : elle s'est bornée à dire que, d'après les états fournis au Ministre de l'intérieur, il y avait au 1er janvier 1843, dans les maisons centrales, 18,322 condamnés, et parmi eux 7,365 récidifs (2). Je peux suppléer à son silence, en donnant ici le chiffre des entrées qui prouvera le chiffre de 40 sur cent; car, sur ce point, je suis d'accord avec elle; mais qui prouvera, en même temps, que le nombre des récidifs, dans les

---

(1) Rapport, p. 6.
(2) Rapport, p. 6.

maisons centrales, n'a pas augmenté, et a, au contraire, un peu diminué depuis cinq années.

État des condamnés à la réclusion et de ceux qui étaient en récidive :

En 1837   1838   1839   1840   1841
    856 (1) 924 (2) 863 (3) 1,032 (4) 887 (5).
    341 (6) 371 (7) 334 (8)   362 (9) 343 (10).
    40   40   39   35   39.

Or, ces chiffres viennent à l'appui de ce que je disais, que la proportion la plus élevée n'atteste point une aggravation de criminalité. Voyez, par exemple, l'année 1840, elle est la plus mauvaise des cinq, celle qui compte le plus grand nombre de condamnés, et cependant, comme les récidifs se sont accrus moins que les criminels eux-mêmes, la proportion se trouve être descendue à un chiffre très-inférieur. Est-ce là une preuve que la criminalité avait diminué en 1840 et s'est accrue en 1841 ? Non, assurément, et bien au contraire ; car l'année 1837,

---

(1) Compte-rendu pour 1837, p. 12.
(2)   Id.   1838, p. 13.
(3)   Id.   1839, p. 7.
(4)   Id.   1840, p. 9.
(5)   Id.   1841, p. 9.
(6) Compte-rendu pour 1837, p. 169, tab. CIII.
(7)   Id.   1838, id.   id.
(8)   Id.   1839, p. 171, tab. CV.
(9)   Id.   1840, id.   id.
(10)   Id.   1841, id.   id.

qui n'a eu que 856 condamnés, est bien plus favorable, quoiqu'elle ait eu 40 pour cent de récidifs dans les entrées aux maisons centrales que l'année 1840, qui n'en a que 35 sur cent, mais qui a fourni 1,032 entrées aux maisons centrales. Loin donc de dire avec la Commission que le tableau des récidives ne laisse point de doute sur la nécessité d'une réforme considérable et onéreuse (1), déclarons hautement que le tableau des récidives ne laisse aucun doute sur l'inutilité d'une réforme, quand même elle ne serait pas aussi considérable et aussi onéreuse; et avouons que la sécurité dont jouit, dans la civilisation actuelle, la nation française, est assez satisfaisante pour qu'on ne puisse pas dire que cette réforme se *justifierait par un grand besoin social* (2).

RÉPONSES DES DIRECTEURS A M. LE MINISTRE DE L'INTÉRIEUR.

Les Directeurs des maisons centrales ont été consultés par M. le Ministre de l'intérieur (3) au sujet du système cellulaire, et leurs réponses ont été imprimées et publiées par ordre du Gouvernement (4).

---

(1) Rapport, p. 2.
(2) Rapport, p. 2.
(3) Circulaire du 10 mars 1834.
(4) Imprimerie royale, 1836.

Le rapport présenté le 5 juillet 1843 à la Chambre des Députés, en cite quelques unes (1), en vue de prouver la nécessité de l'établissement du système cellulaire. Je commencerai par rectifier les citations en les complétant. Ainsi, les Directeurs cités par le rapport disent que les condamnés en récidive rentrent sans peine dans les maisons centrales (2), et la Commission veut en inférer que la prison est trop agréable (3). Les Directeurs ont voulu donner une toute autre explication, et la Commission a eu le tort de la passer sous silence.

Écoutons ce que dit Loos :

« L'effet moral que leur retour dans l'établissement occasionne est de la plus funeste influence sur l'amendement de ceux qu'ils y retrouvent, parce qu'il leur donne la conviction intime que, rentrés dans la société, ils en sont repoussés, et qu'alors il leur est inutile de s'amender (4). »

Voilà la vérité; et ce repoussement que les libérés rencontrent provient de ce qu'ils sortent de prison sans aucune ressource. La Commission aurait dû citer les réponses des Directeurs à ce sujet.

Ainsi, *Haguenau* déclare que la quotité de la masse

---

(1) Rapport, p. 12.

(2)   Id.

(3)   Id.

(4) Réponses des directeurs, p. 57.

de réserve entre pour beaucoup dans les causes des récidives (1).

Poissy est du même avis : « Une faible masse, dit-il, est souvent cause d'une récidive (2). » *Fontevrault* dit aussi:«Ceux qui n'ont acquis que de faibles masses semblent plus susceptibles de rechutes (3). » *Clairvaux* a presque fixé le chiffre : « Lorsque la masse de réserve, » a-t-il dit, « est forte et s'élève, par exemple, à 700 fr., ce qui est très-rare, la récidive n'a pas ordinairement lieu (4). Enfin, *Haguenau* en explique la cause : « Il est rare, » dit-il, « qu'une femme qui emporte une forte masse revienne dans l'établissement, parce que c'est une preuve qu'elle a travaillé avec assiduité pendant la durée de la détention et qu'elle s'y est bien conduite (5). »

On voit donc qu'on ne peut pas se prévaloir des réponses des Directeurs à l'égard des récidives. On ne le peut pas mieux à l'égard du système cellulaire; car il est repoussé par eux sur tous les points. Les citations prouvent qu'ils se sont tous prononcés sous tous les rapports contre ce système.

ATELIERS COMMUNS.

Cadillac.-- « Les grands ateliers ne favorisent pas

---

(1) Réponses des directeurs, p. 65.
(2)　　Id.　　　　p 66.
(3)　　Id.　　　　p. 65.
(4)　　Id.　　　　p. 65.
(5)　　Id.　　　　id.

la corruption. Plus on a de témoins, plus on est retenu dans ses actions (1). »

Clermont-Oise. — « Le travail en commun étant soumis à une surveillance plus directe, ne donne lieu à aucun moyen de corruption (2). »

Haguenau. — « Le travail en commun, au lieu de favoriser la corruption, me paraît au contraire l'empêcher. La surveillance réciproque qui naît de la communauté prévient la contagion : il est facile d'en juger par la marche que suit la corruption; on la voit toujours fuir les yeux de la masse et chercher l'isolement (3). »

Loos. — « Le travail en commun stimule le courage, excite l'amour-propre; il nuit à l'exécution des projets de désordre, en ce qu'il en facilite la découverte (4). »

Melun.—«Le travail en commun n'a rien qui favorise la corruption. Les détenus y étant continuellement sous les yeux des gardiens et des contre-maîtres libres, il ne peut se rien passer dans les ateliers de contraire aux mœurs (5). »

Riom. — « Les détenus sont trop en vue dans les ateliers, et sous une surveillance trop immé-

---

(1) Réponses des directeurs, p. 26.
(2)   Id.   id.
(3)   Id.   p. 27.
(4)   Id.   id
(5)   Id.   id.

diate pour qu'ils osent essayer d'y faire des actes contraires aux mœurs (1). »

Beaulieu. — « Dans les grands ateliers, les indiscrétions divulguent toujours les complots, ainsi que ce qui pourrait s'y passer contre les mœurs. La surveillance y est à la fois exercée par le fabricant, le contre-maître libre, les surveillants détenus et les gardiens; et, ce qui n'est pas moins utile, tous ces agents se surveillent entre eux (2). »

DORTOIRS COMMUNS.

Beaulieu. — « Si les localités sont bien disposées et la police bien faite, on peut éviter que les dortoirs communs favorisent les relations immorales; et pourvu que les condamnés soient bien surveillés, on obtient les avantages de l'isolement sans en avoir les inconvénients (3). »

Mont-Saint-Michel. — « Quiconque a vu les prisonniers de près et longtemps, peut soutenir que les dortoirs communs, avec un bon système d'éclairage, sont le préservatif le plus sûr contre les passions vicieuses et la débauche (4»

Clairvaux. — Dans les grands dortoirs, il est impossible qu'un commerce immoral entre deux

---

(1) Réponses des directeurs, p. 28.
(2)   Id.   id.
(3)   Id.   p. 29.
(4)   Id   p. 31.

prisonniers existe longtemps sans être connu, et aussitôt connu, aussitôt dénoncé (1).

(Dans cette maison, qui contenait 1,800 détenus, en deux ans et deux mois il n'y avait eu que 18 punitions pour atteintes aux mœurs, (2).

CELLULES POUR LA NUIT.

Beaulieu. — « L'établissement de cellules qui causerait une si grande dépense ne serait pas une amélioration importante, puisqu'il est possible sans cellule d'empêcher la corruption des mœurs (3). »

Cadillac. — « Le système cellulaire ne remédierait pas entièrement aux habitudes vicieuses (4). »

Clairvaux. — « Une bonne surveillance serait tout aussi efficace que l'emploi des cellules (5). »

Fontevrault. — « Le système cellulaire pour le coucher offrirait sans contredit des garanties plus certaines contre les relations immorales ; mais, outre qu'il serait impraticable, à moins de décupler le nombre des gardiens, on a exagéré ses avantages et dissimulé ses inconvénients, entre autres celui du danger des maladies subites exigeant de prompts se-

---

(1) Réponses des directeurs, p. 32.

(2)　　Id.　　　　id.

(3)　　Id.　　　　p. 35.

(4)　　Id.　　　　id.

(5)　　Id.　　　　id.

cours que personne ne serait à portée de réclamer
pour les détenus solitaires (1). »

Haguenau. — « L'établissement des cellules ne serait pas une amélioration. Les murs des cellules seraient bien moins un obstacle qu'une protection
pour l'immoralité. Ce système offrirait d'autres difficultés : 1° la propreté serait plus difficile à obtenir ; 2° on ne pourrait pas facilement porter secours
aux détenues atteintes de mal subit, et ces cas ne
sont pas rares ; 3° l'isolement, en produisant la
crainte, multiplierait ces maux (2). »

Loos. — « L'adoption du système cellulaire n'a
d'autre but réel que d'accroître incommensurément
les charges du trésor (3). »

Montpellier. — « Au lieu de détruire la corruption, le système cellulaire la rendrait plus facile; on
voit fréquemment des condamnés se faire mettre au
cachot pour s'y livrer à l'aise à leurs habitudes vicieuses (4). »

Mont-Saint-Michel. — « Des dortoirs bien surveillés, bien éclairés, ont plus d'avantages que les
cellules dans lesquelles les détenus pourraient se livrer sans contrainte à un vice non moins funeste,
sous le rapport de la santé, que tout ce qu'on sem-

(1) Réponses des directeurs, p. 36.
(2) Id.   id.
(3) Id.   id.
(4) Id.   id.

ble redouter de la réunion des détenus dans les dortoirs. Ce vice, exposé au voisinage de tous les regards, serait moins fréquent dans les dortoirs communs (1). »

Ensisheim. — Il a été établi des couchettes séparées. Mais comment établir des chambres particulières? Veut-on rebâtir les maisons centrales dont l'appropriation, selon le système en vigueur, lors de leur institution, a déjà tant coûté à l'État? et qu'obtiendrait-on après tant de nouveaux sacrifices? les mêmes vices se pratiqueraient dans d'autres moments et par d'autres moyens (2).

Mont-Saint-Michel. — « Je ne reconnais aucun avantage aux cellules, ni pour le coucher, ni pour le travail; et je ne crains nullement les dangers qu'on semble attacher aux ateliers nombreux, non plus qu'aux réfectoires et aux dortoirs communs (3). »

Cette opinion est celle de M. Martin Deslandes, aujourd'hui inspecteur général des prisons.

CELLULES PENDANT LE JOUR.

Clairvaux. — « La réclusion solitaire sans travail, est un remède violent, dangereux, incertain, demandant à n'être employé qu'avec une extrême

---

(1) Réponses des directeurs, p. 36.
(2)   Id.   p. 78.
(3)   Id.   p. 79.

circonspection ; et tout règlement qui aurait la prétention, en l'infligeant comme punition, d'en limiter la durée selon la gravité de la faute, serait essen-
tiellement mauvais.

« La réclusion solitaire avec travail ne semble pas
un moyen de punition. Si cette espèce de réclusion
se prolongeait longtemps, et si seulement, ce qui
n'est pas improbable, un centième des détenus venait à s'habituer à ce genre de vie, tout l'effet de la
répression et de l'intimidation serait infailliblement perdu (1). »

Eysses.—«La réclusion solitaire sans travail, qui
est la seule qui puisse être mise en usage dans la
maison, doit être considérée comme moyen d'intimidation et de répression, elle effraie les hommes
qu'elle atteint ; ils peuvent, selon les caractères, y
devenir fous au bout de huit jours ; mais il en est
sur qui la réclusion solitaire, même sans travail,
pendant deux mois, ne ferait aucune impression.
Ce sont ceux qu'une paresse complète abrutit (2). »

Riom.—« Il existe aujourd'hui dans la maison des
cellules solitaires. Quand les détenus y sont ren-
fermés, ils ne travaillent pas, ils sont complètement
isolés. Mais cette réclusion solitaire ne les corrige
point. Elle sert seulement de frein momentané à la

---

(1) Réponses des directeurs, p. 42.
(2)   Id.   p. 43.

violence du caractère et à la méchanceté de quelques détenus (1). »

Beaulieu. — « La réclusion solitaire ne corrige pas, mais elle est un moyen de répression
et d'intimidation d'autant meilleur qu'il n'a rien
de cruel et qu'il rend laborieux tous ceux qui
le subissent. On peut par les châtiments réduire
et intimider les mauvais sujets; mais ce n'est que
par une longue habitude du travail et de l'ordre
qu'on peut parvenir à en corriger quelques uns (2).

Clairvaux. — « On ne pense pas que la réclusion
solitaire corrige. On serait plutôt porté à croire
qu'elle corrompt. La solitude, dit-on, apprend à
penser; elle apprendrait à divaguer à des condamnés, tous êtres grossiers, dont l'éducation est nulle
et qui ne perçoivent qu'avec difficulté les idées et
même les sensations. Impuissante à corriger, la réclusion solitaire serait un assez bon moyen de répression et d'intimidation (3). »

Loos. — « A en juger par analogie, jamais aucune
espèce de châtiment ne corrige celui qui le subit. » (4).

Montpellier. — «On ne pense pas que la réclusion
solitaire de jour et de nuit avec ou sans travail fût

---

(1) Réponses des directeurs, p. 43.
(2)   Id.   id.
(3)   Id.   p. 44.
(4)   Id.   id.

un moyen de correction. Ce serait plutôt une cause de désespoir (1). »

Beaulieu. — «Le régime actuel bien appliqué est propre à produire tous les effets qu'on peut raisonnablement attendre du meilleur système pénitentiaire; car il ne faut pas prétendre réformer la société dans les prisons (2). »

Gaillon.—«L'isolement de jour et de nuit est une pure théorie qui doit être considérée comme inexécutable. L'homme qui pourrait résister à un tel isolement pendant plusieurs années aurait perdu toutes les habitudes sociales ; il sortirait de sa cellule comme un sauvage, et serait peu apte à rentrer dans la société (3). »

Beaulieu. — « Il n'existe, il n'existera jamais un système pénitencier qui puisse assurer la réforme radicale du plus grand nombre de nos détenus (4). »

Enfin, voyez ce qu'a déclaré le Directeur de Clairvaux, de la maison centrale la plus considérable et la plus importante de toutes, réflexions éminemment sages, qui sont dues autant au bon sens d'un esprit élevé et généreux qu'à l'expérience d'un administrateur éclairé (5).

---

(1) Réponses des directeurs, p. 44.
(2)   Id.   p. 53.
(3)   Id.   p. 79.
(4)   Id.   p. 79.
(5) M. Salaville.

« Le régime de nos prisons, » a-t-il dit, « pêche par quelques détails ; mais bornons-nous à corriger les inconvénients ; faisons en sorte que les localités de nos maisons centrales soient mieux disposées, les agents de surveillance plus nombreux et mieux choisis, les administrateurs plus habiles et les entrepreneurs moins souvent changés. En agissant ainsi, en nous attachant à perfectionner ce qui est déjà bon au lieu de recourir à des innovations dont rien, jusqu'à ce jour, n'a démontré le mérite, nous aurons fait pour nos établissements de pénitence tout ce qu'il est prudent et raisonnable de faire (1). »

Voilà ce qu'ont dit franchement les Directeurs des maisons centrales à des Ministres qu'on savait être partisans zélés et même propagandistes ardents du système cellulaire.

Encore aujourd'hui, malgré la persistance du Gouvernement dans ce système, la plupart des Directeurs lui sont hautement et courageusement opposés. L'un d'eux tranche nettement la question dans un écrit où il réfute les erreurs les plus graves du rapport du 5 juillet. Après avoir exposé les avantages moraux et matériels du travail en commun pendant le jour, il ajoute : « Il n'y a pas plus de nécessité de renfermer les condamnés dans des

(1) Réponses des directeurs, p. 82.

cellules la nuit que le jour. Ayez de grands dor‑
toirs bien éclairés ; ayez des veilleurs de nuit qui
pourront se relever mais ne quitteront pas le dor‑
toir ; alors il n'y aura pas de désordre ; vous ne
perdrez pas la nuit le bien qui se fait le jour ; les
actions immorales ne seront plus possibles ; la santé
des détenus ne sera pas exposée comme elle l'est
dans des cellules, et moyennant quelques centaines
de francs que vous aurez à payer à quelques gar‑
diens de plus, vous économiserez des millions (1). »

NOTES SUR LE RAPPORT PAR UN DES DIRECTEURS.

J'ai cité déjà les observations écrites par un des
plus sages et des plus expérimentés des directeurs
de nos maisons de détention. Il est utile d'en ex‑
traire un plus grand nombre, en les appliquant,
comme il l'a fait, à quelques uns des principaux ar‑
ticles du rapport. C'est un document important pour
ceux qui discuteront le projet de loi (2).

« Le rapport veut des maisons cellulaires pour les
accusés (3). Il est bon, répond ce directeur, qu'il y
ait dans les prisons quelques cellules, non pas pour
contenir tous ceux qui sont arrêtés, mais seulement
pour ceux qui les demanderaient. Car, constituer les

(1) Quelques notes sur le rapport de la Commission, p. 5.
(2) Quelques notes sur le rapport de la Commission, par un di‑
recteur.
(3) Rapport, p. 8.

départements en dépenses énormes pour construire
des cellules, sous prétexte que les détenus ne se connaîtront pas entre eux, ce sont des dépenses inutiles.
Les criminels parviendront toujours à se connaître
entre eux, telles précautions que l'on prenne pour
les en empêcher (1). » « On le prouvera, dit-il, tout-
à-l'heure ; » et, en effet, nous y reviendrons (2). En
attendant, il est bien certain que cette opinion est
acquise à tous ceux qui ont visité les prisons cellulaires. M. Léon Faucher, dans la lettre que je rapporte plus loin, dit : « J'ai vu à Pentonville les détenus causer ensemble en se rencontrant dans le trajet des cellules aux cours (3) ; » et moi, je peux dire
aussi que j'ai vu à Pentonville qu'il leur serait très-
facile, tant à l'école, où ils sont tous ensemble, sé-
parés par une très-légère cloison, qu'à la pompe où
ils travaillent seize ensemble, passant à chaque instant à côté les uns des autres, et en allant et reve-
nant de la promenade, traversant le long des grilles
de chacun d'eux, qu'il leur serait très facile, dis-je,
non-seulement de se parler, mais de s'entendre et
de se concerter, comme ils l'ont fait au pénitentier
cellulaire de Philadelphie, pour une insurrection
générale.

---

(1) Quelques notes sur le rapport, p. 2.
(2) Voir plus loin, p.   .
(3) Lettre de M. Léon Faucher à M. le Rédacteur du *Siècle*.

Voilà à quoi aboutit le système !

Mais le rapport attaque d'abord le régime actuel, et croit ainsi agir habilement, afin de faire adopter le sien, en désespoir de n'en pouvoir pas trouver un meilleur. On peut penser que ce n'est pas là une preuve de confiance dans la bonté de sa cause. Cependant, le rapport avoue que, dans le régime actuel, les détenus gagnent plus d'argent qu'ils n'en ont gagné jusqu'à ce jour, et beaucoup plus qu'ils n'en gagneront en cellules, parce qu'aujourd'hui ils travaillent davantage (1). N'est-ce pas déjà un résultat fort heureux ? n'est-il pas très-important qu'ils travaillent beaucoup, dans leur intérêt bien moins encore que dans celui de la société, et pour assurer la sécurité de la prison autant que pour faire d'eux, non pas, comme on le prétend, des citoyens moraux, mais au moins des citoyens tranquilles ? Remarquez que c'est dans les ateliers en commun qu'ils travaillent et gagnent: pourquoi donc les remplacer par des cellules où certainement ils travailleront beaucoup moins et gagneront très-peu ? Et si aujourd'hui l'emploi qu'ils font de leur salaire peut être attribué, comme le dit le rapport, à des motifs fort étrangers à la moralité (2), pourquoi ne leur fait-on rien mettre à la caisse d'épargnes? Ne fût-ce que 10 francs

---

(1) Rapport à la Chambre, p. 16.
(2)   Id.   p. 15.

à 10 francs, ces sommes réunies pourraient encore, pour ceux qui ont beaucoup de temps à rester en prison, augmenter leur avoir d'une quantité assez sensible, et leur apprendre de quelle manière on peut tirer parti de ses économies, lorsqu'on en a la volonté. Il pourrait s'en trouver dans le nombre qui sauraient profiter de la leçon pour l'avenir (1).

Le rapport dit que plusieurs des commissaires envoyés aux États-Unis uour visiter les pénitenciers, en ont rapporté cette opinion, que le silence ne pouvait être obtenu qu'à l'aide du châtiment du fouet (2). On répond que les personnes envoyées par le Gouvernement en Amérique, avec la mission de visiter les prisons des deux systèmes, sont sans doute des hommes fort honorables et fort capables ; mais y sont-ils restés le temps nécessaire pour les bien étudier? Deux de ces messieurs (3), les plus partisans des cellules, sont partis de France et y sont rentrés après une absence de quatre mois. Si on déduit le temps du voyage d'aller et du retour, quel temps ces messieurs ont-ils donné à leur visite dans chaque prison? Combien en ont-ils vues? Quels renseignements ont-ils pu se procurer, si ce n'est auprès des administrateurs eux-mêmes, qui sont enthou-

(1) Quelques notes sur le rapport de la Commission, p. 4 et 5.
(2) Rapport, p. 22.
(3) MM. Demetz et Blouet.

siasmés du système, dont ils sont les inventeurs, et qui se gardent bien de montrer ce qu'il peut avoir de défectueux (1). Ce n'est pas quelques jours, ce sont quelques mois qu'il faudrait passer dans une prison pour en bien connaître le système. Ce sont les détenus qu'il faut étudier et voir souvent en particulier, si l'on veut savoir ce qu'ils étaient en y entrant et ce qu'ils seront en sortant. Si vous les interrogez en présence des personnes de l'administration, il est certain qu'ils ne vous diront rien de leurs souffrances, dans la crainte qu'elles ne soient encore aggravées. J'en ai vu des exemples en France. Dans une maison où on fait usage des mauvais traitements, les détenus répondaient : « Ce sont des bagatelles qui ne valent pas la peine d'en parler; » parce que cette réponse était faite en présence de celui qui avait ordonné les supplices, et dont le regard promettait une sévère correction aux détenus s'ils avaient dit la vérité (2).

Le rapport dit du système actuel des prisons de la France : Ce système exige non-seulement dans le directeur de la prison, mais dans tous les agents qui sont sous ses ordres, une perpétuelle vigilance, un zèle constamment éclairé et actif (3), et voilà pour-

(1) Quelques notes sur le rapport, p. 5.
(2) Quelques notes, p. 6.
(3) Rapport, p. 21.

quoi la Commission le repousse. Mais n'est-ce pas là
ce qui doit être exigé de tous les employés dans toutes les administrations? Le directeur dont je cite les
paroles, déclare avec franchise ce qui se passe actuellement à cet égard : « Le système actuel n'a rien
de difficile, si vous avez des agents capables et zélés
pour remplir leurs devoirs. Mais il est réel que, dans
la plupart des maisons centrales, on a placé des
hommes qui n'ont d'autre mérite que d'avoir été re-
commandés par des personnes influentes, qui ne s'oc-
cupaient que de procurer une place lucrative à leur
protégé capable ou non. Si vous prenez un directeur
qui ne sait pas ce que c'est qu'une prison, il fait nécessairement des fautes que plusieurs mois ne suffi-
sent pas à réparer, et il arrive souvent qu'on lui
donne, pour travailler au greffe, des hommes tout-
à-fait incapables. C'est un inconvénient auquel on
ne remédiera qu'en exigeant que le candidat qui se
présente soit astreint à faire un surnumérariat plus.
ou moins long (1). »

Le rapport élève bien haut les punitions infligées
pour infraction à la règle du silence (2). Le directeur réduit cette observation à sa juste valeur (5),
ainsi que celle au sujet du grand nombre d'employés qu'on prétend nécessaire dans le système ac-

(1) Quelques notes sur le rapport, p. 7.
(2) Rapport, p. 23.
(3) Quelques notes sur le rapport, p. 8.

tuel (1). Il est assurément très-certain que dans le système des cellules, le nombre sera forcément, non pas doublé, mais décuplé; et quant aux punitions les chiffres du rapport doivent être examinés. C'est ce que fait le directeur : « On admet », dit-il, « que dans une maison de 1,200 détenus, il y ait eu, pendant une année, 10,000 punitions infligées. Pour prouver que ce chiffre n'est point énorme, il suffit de le décomposer ; il produit, divisé par 365, 27 deux cinquièmes par jour, et sur les 1.200, 2 un quart pour 100 (2). Est-il étonnant que 2 hommes sur 100 aient dit en un jour une parole, lorsque 98 ont gardé un silence absolu? Nous ne croyons pas même à un si heureux résultat, et voilà pourtant quels sont les chiffres produits par la Commission, pour servir d'épouvantail contre le système actuel (3)!

En outre, le directeur qui prononce chaque jour ces punitions les connaît bien et nous les fait connaître. Voici quelle est, dit-il, leur importance : « Tantôt c'est à la promenade : un détenu aura marché sur les talons de l'autre, et celui-ci aura dit un mot. Tantôt c'est au réfectoire : un détenu ayant soif aura demandé par signe la cruche, et si on ne

---

(1) Rapport, p. 22.

(2) Quelques notes sur le rapport, p. 8.

(3) Rapport, p. 23.

la lui donne pas de suite , il prononce une parole.
Tantôt c'est à l'atelier, où il demande un outil. Les
gardiens ne doivent pas entendre un mot sans le
signaler, et, pour chaque infraction, ils portent deux
hommes sur leur rapport (1), celui qui parle et celui à qui on parle, comme s'il y avait complicité , ce
qui est vrai quelquefois. » Voilà ce qui fait que les
dix mille de la Commission ne font que cinq mille
infractions, et ce qui réduit presque encore de moitié les deux pour cent.

Le rapport dit que le retranchement de nourriture est continuel dans nos prisons actuelles, et *pro-*
duit de fort fâcheux effets sur le corps et même sur
L'ESPRIT des détenus (2). On voit quelle extrême
exagération! Le directeur a déjà dit que ces im-
menses punitions se réduisent à deux pour cent , et
il ajoute : « Les punitions les plus ordinaires sont
la privation de cantine, l'interdiction de correspon-
dance, le refus de visites. La privation de cantine
consiste à ne pouvoir pas prendre sur son pécule
dans une journée pour 10 centimes de beurre, fro-
mage ou pommes de terre. Il n'est donc pas proba-
ble que de semblables punitions puissent influer sur
la santé des détenus , puisque le pain , et même le
supplément tel que le permet le règlement du 10

(1) Quelques notes sur le rapport, p. 8 et 9.
(2) Rapport, p. 24.

mai 1839, ne peut jamais leur être retranché, et
qu'ainsi ils peuvent s'en procurer autant qu'ils en
ont besoin. Combien voyons-nous, dans les campa-
gnes, des familles honnêtes, travaillant du matin au
soir, et n'ayant pas toujours une nourriture aussi
substantielle (1)? »

« Peut-être faut il attribuer à ce retranchement
de nourriture, suivant le rapport (2), l'augmentation de mortalité qui a été observée dans les maisons centrales durant les années 1840, 1841 et
1842. » Le directeur répond d'abord par un fait :
« Il y a eu augmentation de la mortalité dans les
maisons centrales en 1840 et 1841, mais pour 1842,
elle est descendue au-dessous du chiffre ordinaire
des années antérieures, et pour 1843, elle paraît diminuer encore (3). » Mais l'accroissement, en 1840
et 1841, ne saurait provenir des punitions : « Il est
plus rationnel, dit-il, de l'attribuer au changement
de nourriture et aux privations qui sont venues
tout-à-coup frapper les détenus par suite de l'arrêté
du 10 mai 1839. C'est l'avis des médecins attachés
aux prisons (4). »

A ce sujet, le directeur s'explique franchement :
« Vous voulez attribuer l'augmentation de la morta-

---

(1) Quelques notes sur le rapport, . 9.
(2) Rapport, p 25.
(3) Quelques notes sur le rapport, p. 9.
(4) Quelques notes sur le rapport, p. 9 et 10.

lité à la règle du silence? mais que sera-t-ce donc quand les détenus seront en cellules? Ils auront, dites-vous, les visites du directeur, de l'aumônier, de l'instituteur, du médecin, du contre-maître? Mais en est-il autrement aujourd'hui? N'ont-ils pas à parler à chaque instant au contre-maître et à l'inspecteur chargés de leur faire des observations sur leur travail, et aussi au directeur et à l'aumônier, souvent à l'instituteur et au médecin, lorsqu'ils se croient malades, ainsi qu'à leurs parents, lorsqu'ils viennent les voir? Ces visites et ces rapports sont bien plus fréquents qu'ils ne pourraient l'être s'ils étaient en cellules. Car on admettra bien que le directeur, l'aumônier, le médecin et l'instituteur, ne passeront jamais près d'eux plus de six heures par jour. Or, en accordant cinq minutes par visite, ce serait douze par heure et soixante-douze pour les six heures. Eh bien, quand il n'y aurait que cinq cents détenus, chacun d'eux ne pourrait recevoir la visite d'un de ces messieurs qu'une fois par semaine pendant cinq minutes. Aujourd'hui, au contraire, dans le système actuel, ils les voient tous les jours (1). »

Le rapport dit (2) : « Encore, si le silence qu'on cherche à imposer était obtenu! Les bruyants pro-

---

(1) Quelques notes sur le rapport, p. 10.
(2) Rapport, p. 26.

pos ont cessé, les longues conversations sont inter-
dites. Mais le silence complet, le silence *pénitencier* (1), comme le nomme heureusement un inspecteur, c'est-à-dire celui qui empêche absolument
les confidences immorales et les accords dangereux,
ce silence n'existe nulle part (2). »

Le directeur répond un peu vivement : « Vous
convenez que les longues conversations ont cessé.
S'il en est ainsi, est-ce dans quelques paroles que
peuvent se faire ces confidences immorales et ces
accords dangereux que vous craignez ? Soyez donc
conséquents ; s'il n'y a pas de conversations, ces
deux choses n'existent pas, surtout si tous les mou-
vements sont bien surveillés. Vous ne devez pas
ignorer que, dans une maison de ce genre, chaque
détenu a sa place qu'il ne peut quitter sans être
puni. Il doit suivre partout le rang qui lui est assi-
gné ; il n'est en contact qu'avec celui qui le précède
et celui qui le suit ; l'homme qui est dangereux et
capable de corrompre ses camarades est bientôt
connu, et sa place est choisie entre ceux dont on est
sûr, et qui lui tournent le dos dès qu'il veut leur
parler (3). »

La commission cite un peu plus loin les paroles

---

(1) C'est bien ici le cas de dire : *Risum teneatis.*
(2) Rapport, p. 27.
(3) Quelques notes sur le rapport, p. 11.

d'un inspecteur général qu'elle ne nomme pas, et qui affirme que, dans une prison-modèle , suivant lui, le silence n'existe pas, malgré les prescriptions rigoureuses du règlement, et malgré les rigoureuses punitions qui suivent de près les infractions les plus légères (1). »

Le directeur répond avec franchise et fermeté : « Ne pourrait-on pas attribuer aux rigoureuses punitions qui sont infligées pour les infractions les plus légères, le peu de succès que l'on obtient? Ne serait-il pas possible que ces punitions trop fréquentes ne finissent par produire, comme le dit M. le Rapporteur lui-même (2), un fort fâcheux effet; et ne serait-il pas plus convenable de proportionner les punitions à la gravité des infractions (3)? »

Le directeur vient ensuite à la partie du rapport qui suppose que le système cellulaire empêchera que les détenus puissent se connaître entre eux (4). « Aurait-on la prétention, » dit-il, « de croire que les détenus cellulés ne se connaîtront pas? » Pour avancer un tel fait, il faut ne pas les avoir étudiés. On pourra s'assurer dans la première maison cellulaire, si on a la folie d'en construire, qu'un pri-

(1) Rapport, p. 27.
(2) Rapport, p. 24.
(3) Quelques notes sur le rapport, p. 11 et 12.
(4) Rapport, p. 28.

sonnier qui serait logé au rez-de-chaussée, s'il a intérêt de chercher un camarade, saura qu'il est dans
la maison, fût-il dans l'étage le plus élevé d'un bâ-
timent opposé (1). En outre, si les détenus travaillent, ils auront des outils et feront secrètement de
petites ouvertures par lesquelles ils communique-
ront à l'insu des gardiens les plus exercés (2).

Le Directeur ajoute à ceci une déclaration importante : pour le travail dans les cellules, on aura
besoin d'un grand nombre d'employés, contre-maîtres, commis et simples ouvriers envoyés pour en-
seigner les apprentis : « Eh bien ! » dit-il, « il n'y a que
les personnes qui ne connaissent pas les prisons
qui ignorent que ce sont les êtres les plus nuisi-
bles à la bonne police d'une maison. Par eux, les
détenus savent tout ce qu'ils veulent savoir. Ils por-
teront volontiers des nouvelles d'une cellule dans
une autre. Ils introduiront, malgré que l'on prenne
contre eux toutes les précautions possibles, des vivres ou autres objets prohibés, et bien plus facilement encore des lettres. Aujourd'hui, qu'on les tient
sans cesse dans les ateliers sous les yeux d'un gar-
dien chargé secrètement de les surveiller, on les
empêche difficilement de faire la fraude. Que sera-
ce donc quand ils iront seuls visiter les détenus, et

(1) Quelques notes sur le rapport, p. 12.
(2)   Id.   p. 12 et 13.

quand ils resteront souvent pendant des heures en-
tières à côté d'eux, les fera-t-on accompagner continuellement par des gardiens? en attachera-t-on un
à chacun d'eux, et combien alors en faudrait-il
créer (1) ?

On peut dire de plus que lors même que toutes
les prisons seraient cellulaires, il faut encore que les
voitures de transport, et les lieux d'étape à parcourir le soient aussi; on sent, en effet, combien de
fois il y a contact ou au moins rapprochement entre les détenus ; et dans les prisons comme dans les
voitures, ils pourront, quoiqu'on fasse, se voir ou se
parler (2). On sent bien qu'il se trouvera souvent
toutes sortes de facilités données par la connivence
ou seulement par la négligence des employés ou
préposés. En un mot, on empêchera en général les
détenus de communiquer entre eux, mais on ne
parviendra jamais à empêcher ceux qui ont un
intérêt réel à se préparer à se revoir, à se suivre et
à savoir ce qu'ils deviennent. Ainsi, ce qui n'a aucune importance pourra cesser en partie, mais ce
qui est vraiment dangereux pour la sûreté publique sera toujours.

Le Directeur montre ensuite, avec une parfaite
raison, combien cette interdiction de toute commu-

---

(1) Quelques notes sur le rapport, p. 13 et 30.

(2)　　　Id.　　　　　　　p. 13.

nication entre les détenus, quand même elle pourrait avoir lieu, serait complètement illusoire et inutile. Il suit les libérés dans la résidence qu'ils ont choisie, et c'est là qu'il est dangereux qu'il se forme entre eux des associations. Eh bien ! dit-il, croyez-vous que plusieurs libérés, astreints à la surveillance de la haute police, habiteront longtemps la même ville ou le même village sans faire connaissance ? Vous n'ignorez pas que tout discrets que soient les agents devant lesquels ils ont à se présenter (et on sait qu'ils le sont fort peu), il n'est aucun des habitants qui ignore leur position. Ils sont repoussés par tout le monde, ils ne peuvent se voir qu'entre eux, et c'est là qu'ils forment, presque forcément, les liaisons que vous craignez (1). Il est certain que c'est là le vrai danger, et le système cellulaire n'y remédie nullement. Au contraire, ce Directeur prétend, comme tous ses collègues l'ont dit souvent, que le seul résultat réel de ce système est qu'il irrite les détenus et qu'ils se promettent, après leur libération, de se venger des tortures qu'on leur fait éprouver (2).

Le rapport s'efforce toujours de prendre des exemples et des modèles dans les pays étrangers (3). C'est ce qui ne plaît pas à notre Directeur, qui aime

---

(1) Quelques notes sur le rapport, p. 13.
(2)   Id.   id.
(3. Rapport, p. 8, 13, 20, 21, 22, 23, 24, 29 et 30, etc.

sincèrement son pays. « Pourquoi demander, » dit-il, « des leçons à l'étranger, tandis que nous avons mieux en France » (1)? Et une autre fois : «On ne devrait pas citer pour modèle, » a-t-il dit, «une organisation anglaise, lorsque nous en avons de meilleures dans nos maisons de détention (2). » Ici, il dit encore : « Pourquoi aller chercher des exemples à l'étranger comme si la France sortait du berceau (3)? On s'étonne, en vérité, de voir ce Directeur obligé de prendre la défense de son pays contre une Commission de membres de la Chambre des Députés.

Il s'agissait de répondre au rapport qui désignait l'Angleterre comme un modèle à suivre, en disant que c'est le système de l'emprisonnement individuel que le Gouvernement anglais a choisi (4); mais ce n'est pas exact. On trouve à Londres des prisons de chacun des systèmes; encore n'est-ce pas le Gouvernement, mais une Société particulière qui a obtenu la permission d'essayer le système nouveau dans la prison de Pentonville; celui des États-Unis a été établi à Millbank, mais depuis considérablement modifié; l'ancien système de la communauté est maintenu à Newgate, non pas encore par

---

(1) Quelques notes sur le rapport, p. 7.
(2)   Id.   p. 8.
(3)   Id.   p. 13.
(4) Rapport, p 29.

le Gouvernement, mais par la cité de Londres et à
ses frais, sous les ordres du lord-maire de Londres,
les Ministres n'y ayant aucune autorité et ne pou-
vant pas même donner une permission d'y entrer;
et ce système y est maintenu avec soin et avec un
grand succès, ainsi que dans la plupart des autres
maisons de détention (1). Voilà ce qui arrive presque toujours : les Anglais font de simples essais peu
coûteux, et nous, par imitation, nous les exécutons
en grand avec des dépenses considérables, et encore
nous ne réussissons guère.

Le rapport dit que le travail en commun présente des difficultés d'exécution trop grandes et des
résultats douteux (2). En vérité, ne dirait-on pas
qu'il n'est pas encore établi chez nous ! Le directeur d'une maison, où le travail est en grande acti-
vité, et qui en connaît plusieurs autres, affirme que
le régime actuel a été constamment profitable aux
travaux, et que, quoique en plusieurs parties, les
prix de vente aient généralement diminué, les produits ont partout excédé de beaucoup ce qu'ils
étaient en 1839, et dans les autres années antérieures (3). Quant aux difficultés d'exécution, à qui

---

(1) *Journal de la Société de la Morale chrétienne*, t. **xxiv**,
n° 3, p. 175.

(2) Rapport à la Chambre, p. 30.

(3, Quelques notes sur le rapport, p. 14.

persuadera - t - on , par exemple , qu'un ouvrier
médiocre apprendra plus facilement à perfectionner
son ouvrage, étant cellulé, que lorsqu'il verra à
côté de lui un de ses camarades travaillant beaucoup mieux , et, qu'en regardant faire, il pourr a
apprendre comment il doit s'y prendre pour mieux
travailler? Dans une cellule, au contraire, quand
il sera embarrassé , il ne pourra que se croiser les
bras, et attendre peut-être une demi-journée , que
le contre-maître qui venait de le quitter, repasse de
nouveau (1).

Mais lorsque , immédiatement après , le rapport
porte qu'il faut faire encore dans le système actuel
des dépenses très-considérables (2), on comprend
bien que le rapport sous-entend, qu'en tout cas, on
fera construire des cellules de nuit. Alors, le directeur répète ici, avec quelque vivacité, ce qu'il a déjà
dit: « Voilà donc que, pour faire passer votre système
de cellules de jour et de nuit , vous voulez persua-
der que, dans tous les cas, il est indispensable d'é-
tablir des cellules de nuit. Mais, non ! Ni l'un , ni
l'autre ne sont utiles. Ayez, au contraire, de grands
dortoirs ; mettez-y des gardiens de nuit , qui y ar-
riveront tous les soirs avec les détenus , et n'en
sortiront qu'avec eux le matin, et qui seront en nombre assez considérable pour se relever par moitié.

(1) Quelques notes sur le rapport, p. 14
(2) Rapport à la Chambre, p 30.

Ils se promèneront dans les dortoirs comme des
factionnaires ; ils seront surveillés eux-mêmes à
différentes heures par leurs supérieurs, et on n'aura
plus aucun désordre ni aucun vice à redouter.
Ceci vous occasionnera à peine un excédant de dépense de 3,000 fr. par an , dans une maison de 5oo
détenus, dont la construction cellulaire vous coû-
terait, comme à la Roquette , 1o millions (1). »

La Commission dit encore qu'il se passe aujour-
d'hui, dans les dortoirs , des désordres dont la gravité, ainsi que la fréquence, doivent faire profon-
dément gémir la morale et l'humanité (2). Non !
on peut affirmer hautement que cela n'est pas ; on
ne pourrait le savoir que par les directeurs , et il
n'en est pas un qui voulût dire que la police est si
mal tenue sous ses ordres , que ses employés sont si
mal choisis par lui, qu'il est, en un mot, tellement
incapable dans son administration , que de tels désordres se passent dans la maison qui lui est confiée.
Mais, si on le savait, s'il était vrai que des rapports
qui constatent ces désordres aient été soumis à la
Commision (3) par M. le Ministre de l'intérieur,
qui en serait responsable, si ce n'est M. le Ministre
lui-même, s'il n'a pas destitué à l'instant où il
en fut informé, les directeurs des maisons où ces

(1) Quelques notes sur le rapport , p. 14 et 15.
(2) Rapport à la Chambre, p. 30.
3) Rapport à la Chambre, p. 30

vices étaient pratiqués? Il n'est aucune excuse; car, puisque des maisons sont bien tenues, toutes doivent l'être, et les directeurs doivent être révoqués partout où les désordres ne sont pas réprimés.

Aussi, le directeur que je cite répond longuement et avec force à cette calomnie : « Tous les directeurs attesteront, » dit-il, «que, dans aucun moment du jour, les détenus ne peuvent se livrer à aucune infamie; et la nuit, ils sont constamment surveillés. Il est, il est vrai, des maisons où leurs surveillants sont choisis parmi leurs camarades, mais parmi ceux qui ont donné depuis très-longtemps des preuves certaines de leur moralité; et ils ont un grand intérêt à ne pas perdre leur place, et à justifier la confiance qu'on leur accorde (1). » Il est, de plus, en ce moment, dans plusieurs des maisons centrales, des frères qui tiennent les dortoirs, et qui ont le plus grand soin de la moralité. L'erreur de la commission est donc manifeste, et le directeur qui répond, ajoute que les détenus savent même que si la moindre tentative en ce genre était commise, ils seraient bientôt dénoncés par leurs camarades, et qu'ils recevraient sur-le-champ la sévère punition qu'ils auraient méritée (2).

Mais il attaque ensuite, sous le même rapport,

---

(1) Quelques notes sur le rapport, p. 15.
(2)   Id.   id.

le système cellulaire. « Avez-vous bien calculé, »
dit-il, « les résultats qui peuvent être la suite d'un
long séjour dans une cellule? Un homme jeune,
vigoureux, ayant le caractère exalté, la tête en-
flammée, l'imagination toujours en mouvement, ne
se portera-t-il pas, sur lui-même, à des actions qui
le conduiront vite à la pulmonie, au marasme et à
la mort (1)? Informez-vous auprès des directeurs
quels sont les effets du séjour d'un détenu dans une
cellule de punition, lorsque, pour sa mauvaise conduite, on est obligé de l'y tenir longtemps et de l'y
remettre souvent : on peut affirmer qu'il ne se pas-
sera pas un an sans que sa santé soit entièrement
perdue, et c'est l'infirmerie et bientôt après le ci-
metière qui l'attendent (2).

Il y a plus encore : cette cellule, elle est deman-
dée justement par ceux-là même qui veulent s'a-
donner à ce vice, si bien nommé le vice solitaire,
et qu'on nommera bientôt le vice cellulaire; et le
directeur dit à ce sujet : « Demandez à tous les directeurs : ils vous diront tous également qu'il se
trouve bien des détenus qui demandent de temps
en temps la cellule, ce qu'ils appellent *leur séparé*.
Ils vous diront dans quelle intention ils la désirent;
et si on la leur refuse, ils commettent de mauvaises

---

(1) Quelques notes sur le rapport, p. 16.
(2)   Id.   id.

5

factions, exprès pour forer à les enfermer. Il vaut donc mieux mettre des surveillants dans les dortoirs, et vous éviterez tous ces graves inconvénients (1). »

Le rapport dit : « La discipline du système cellulaire est facile (2). » Oui, » répond le directeur, « pour les employés supérieurs qui ne visiteront pas les prisonniers. » Mais il fait ensuite le calcul du service. « Vous estimerez bien qu'il y aura toujours au moins 3o malades. Quand le médecin ne resterait avec chacun que cinq minutes, voilà deux heures et demie employées; et à quelle heure se fera donc la première distribution des vivres à tous les détenus, puisqu'elle ne doit être préparée qu'après le passage du médecin ? »

« Puis, combien avez-vous d'infirmiers, pour aller de cellule en cellule donner des soins à ceux qui en auront besoin? Il en faudra un par 4 à 5 malades, et quelquefois un pour un seul, s'il a le délire, des fièvres ardentes, ou qu'il y ait des pansements à soigner souvent. »

« Mais pour tous les détenus, combien avez-vous de gardiens? Il en faut beaucoup seulement pour entretenir la propreté : et encore autant pour porter la nourriture ; puis il en faut pour accompagner

---

(1) Quelques notes sur le rapport, p. 16.
(2) Rapport, p. 32.

dans toutes leurs visites le directeur, l'inspecteur, l'aumônier, l'instituteur, le médecin et les parents, et les membres, dit-on, des Commissions, ainsi que les contre-maîtres (1). On ne laissera aucun d'eux seul dans une cellule avec un assassin condamné, qui n'a plus rien à craindre, puisqu'il aimerait mieux mourir sur l'échafaud que vivre en cellule; et il peut être un moment de mauvaise humeur. Encore faudra-t-il un nombre immense de commis pour distribuer l'ouvrage et le reprendre, mais surtout pour le diriger, faire habituellement des apprentis à chaque nouvel arrivant, et ils ne se contenteront pas, pour peu qu'ils soient un peu habiles, de 6 à 700 fr. comme les gardiens (2)! »

« On doit penser aussi qu'il faut parcourir, pour tous ces services, 4 étages de cellules, et cependant vous voudrez, sans doute, que les détenus mangent à la même heure, qu'ils se lèvent et se couchent en même temps, et que le service soit non-seulement régulier, mais régulièrement surveillé (3).

Le directeur, qui a lu dans le rapport qu'à Coldbathfields (4) les employés sont au nombre de 142 pour 1,100 détenus, prétend que, dans une prison

---

(1) Quelques notes sur le rapport, p. 17.
(2)   Id.   id.
(3)   Id.   id.
(4) Rapport à la Chambre, p. 22.

cellulaire de 1,100 condamnés, le nombre de 142 employés ne suffirait pas (1).

Quant au travail qui a, comme le dit le rapport, tant d'importance pour l'avenir même de la réforme des criminels (2), il en a bien davantage pour préserver la société de leurs méfaits, lorsqu'ils ne sont pas corrigés. C'est là le point essentiel que la commission n'a pas considéré, bercée, comme elle l'a été, d'une illusion de réforme morale des ames, des cœurs et des esprits qui sont aujourd'hui entièrement pervertis pour la plupart, et que le systéme pourrait bien ne pas convertir. Le directeur, en répondant au rapport, s'est placé dans un tout autre point de vue. Il n'a pas de confiance dans la réforme, et croit prudent qu'on fasse travailler les détenus pour leur donner un état (3) ; et lorsque dans le rapport on est content qu'il y ait jusqu'à 13 professions à la Roquette, en spécifiant que chaque détail du même produit est confectionné à part (4), le directeur signale d'abord un fait positif, c'est qu'à la Roquette il ne sort pas un jeune homme qui puisse être reçu comme compagnon dans un atelier de la profession qu'on prétend lui avoir fait apprendre, et que tous recommencent un appren-

---

(1) Quelques notes sur le rapport, p. 17.
(2) Rapport, p. 36.
(3) Quelques notes sur le rapport, p. 20.
(4) Rapport, p. 37.

tissage en entrant dans la maison où on les place.
Il signale un second fait, c'est qu'à la Roquette,
comme dans les maisons centrales, chaque détenu
n'apprend qu'une partie d'état ; celui qu'on prétend nommer serrurier ne fait que la même pièce
toujours pendant dix ans, s'il y reste, et seulement
une des pièces d'une serrure ; encore ne la com-
plète-t-il pas ! « Appelez-vous cela, dit-il, apprendre
un état (1) ? »

« Ce qui est surtout évident dans le système cellulaire, c'est la difficulté de faire des apprentis. Il faut,
dans la plupart des états, qu'ils soient constamment
sous les yeux du maître ; à chaque instant ils ont
besoin de lui demander et de recevoir ses avis. Un
contre-maître n'eût-il que 6 apprentis cellulés, il ne
pourra les visiter que 3 ou 4 fois dans la journée,
et pendant son absence, l'apprenti qui ne se rap-
pellera plus ce qu'il aura été montré, devra attendre son retour pour recevoir une nouvelle leçon
qu'il aura peut-être encore oubliée dix minutes après.
Un tel apprentissage aura coûté fort cher, et l'apprenti ne saura jamais bien (2). Voilà pourquoi le
morcellement des états a lieu, malgré même les ordres des administrateurs éclairés. Ce sont les entrepreneurs qui ont un grand intérêt à éviter par là

(1) Quelques notes sur le Rapport, p 20.
(2) Id.   p. 21.

les apprentissages. Ils ont bientôt montré à faire une seule pièce, et ils ont en deux mois un ouvrier qu'ils n'auraient pas formé pour tout son état en moins de deux ans (1)! »

C'est en vain que le rapport cite les paroles des inspecteurs généraux ; les Directeurs savent très-bien comment se font les tournées ! « Ces messieurs visitent tous les ans les maisons centrales et ne se sont jamais assurés comment s'apprennent les états ; ils ne s'en sont même jamais informés. Ils voient les détenus travailler, et quelques uns faisant bien quelque pièce ; ils ne savent pas que chacun d'eux n'en fait qu'une, et ils les croient de bons ouvriers (2). »

« Il faut bien remarquer que cette fraude, car il faut bien appeler les choses par leur nom, se fait avec d'autant plus de facilité que jamais les détenus ne s'en plaignent ; ils ne s'inquiètent nullement de l'avenir, et se trouvent heureux lorsqu'on leur a appris à fabriquer une pièce qui leur rapporte promptement un peu plus d'argent pour aller à la cantine et augmenter leur masse (3). »

« Les entrepreneurs ont poussé leur habileté jusqu'au point qu'ils avaient établi cinq ouvrières pour faire une chemise ; l'une taillait, l'autre faisait les grosses coutures ; une autre piquait les devants ; la

---

(1) Quelques notes sur le rapport, p. 23.
(2)   Id.   p. 22.
(3)   Id.   p. 23.

quatrième montait les manches et les cols, et la cinquième marquait ; et pas une seule ne savait con-
fectionner la chemise tout entière (1). »

Je passe sur ce que dit ce directeur de l'aliénation mentale , parce que j'ai traité assez à fond cette
question, et qu'elle va l'être encore dans la lettre qui
va suivre cet article-ci (2). Mais je dois citer le calcul simple et exact qu'il présente à ce sujet. « Puisqu'il est avéré que, dans la prison cellulaire améri-
caine, en 1838, il y eut 14 détenus atteints de folie
sur 387 ; qu'en 1839, il y en eut 18 autres sur 387;
qu'en 1840, il y en eut 26 autres sur 434. Même en
laissant de côté cette effrayante progression , il y
aurait, à 26 sur 484, parmi nos 27,000 condamnés,
1,050 aliénés nouveaux chaque année ! ! » C'est avec
raison que ce directeur s'écrie avec force : « Si vous
faites construire des cellules, faites donc en même
temps construire des loges. » Mais n'oublions pas
que le projet consiste à mettre encore en cellule , en
France, tous les accusés et tous les prévenus, c'est-
à-dire, suivant le chiffre de 1840, 213,310 indivi-
dus ! ! Ceux-là n'y resteront pas assez longtemps
pour devenir aliénés en aussi grand nombre. Cependant, n'y en eût-il que parmi ceux qui y font un long
séjour, combien le cœur est soulevé d'indignation !

Enfin, le rapport contient qu'un homme de 33

(1) Quelques notes sur le rapport, p. 22.
(2) Lettre de M. Léon Faucher au Rédacteur du *Siècle*.

ans n'a pas plus de chance de vie dans une maison
centrale qu'un homme de 64 ans en liberté. Pourquoi? c'est parce qu'il n'a pas d'air, d'exercice et
de mouvement; car il a moins de chances d'accidents, et c'est uniquement la vie sédentaire et renfermée qui le tue ainsi à moitié! Eh bien! vous
voulez rendre sa vie encore plus sédentaire et plus
renfermée! C'est convenir vous-même que vous as-
sassinez !

TABLEAU GÉNÉRAL DU SYSTÈME CELLULAIRE.

Il ne nous reste plus qu'à réfuter les arguments
relatifs au système lui-même, c'est-à-dire au régime
intérieur des prisons, et à constater les effets qu'il
a produits partout où il a été établi. Mais une lettre
publiée par le journal *Le Siècle* a si bien résumé
les faits et leurs conséquences, que sa reproduction
nous évitera toute autre réponse, et nous pouvons
dire que cette lettre, dont tous les arguments ont été
déjà maintes fois publiés par nous, contient une réfutation complète du rapport du 5 juillet 1843, et
appartient réellement à nos archives.

Monsieur le Rédacteur,

« Vous avez publié récemment, sur la réforme des
prisons, plusieurs articles dont les conclusions sont
favorables au projet du Gouvernement, sous la réserve des modifications de détails indiquées par la

Commission de la Chambre élective dans son dernier rapport. C'est assurément une bonne fortune pour le plan ministériel d'avoir rencontré un rapporteur tel que M. de Tocqueville, et d'avoir obtenu l'approbation d'un juge aussi compétent que l'auteur des articles du *Siècle*, M. G. de Beaumont. Il ne fallait rien moins que l'autorité de l'un et de l'autre en cette matière pour affaiblir les répugnances instinctives de l'opinion publique, et peut-être l'habileté des deux écrivains était nécessaire pour dissimuler les lacunes de ce travail, pour en pallier les défauts.

« Mon intention n'est pas d'opposer ici la critique à l'apologie : un examen du projet, pris article par article, me mènerait trop loin, et dépasserait les bornes d'une lettre ; mais lorsque le Gouvernement demande à bouleverser notre législation pénale pour y introduire des principes que l'expérience n'a pas consacrés, lorsqu'il s'agit de construire des maisons de réclusion qui remplacent les prisons actuelles, ainsi que les bagnes, et d'entamer une dépense qui s'élèvera, quoi qu'en dise la Commission, bien au-dessus de trente-huit millions ; lorsque l'unique châtiment qu'on veut substituer à l'échelle des peines est l'emprisonnement cellulaire, cette formidable atteinte à la raison et à la vie ; alors c'est un devoir de porter à la connaissance du public les faits qui peuvent exercer une influence décisive dans cette question.

« L'emprisonnement cellulaire de jour et de nuit n'est pratiqué depuis plusieurs années qu'aux États-Unis et en Angleterre ; on ne connaît pas un seul peuple, après ceux-là, dont l'expérience mérite d'être invoquée. Si le système pensylvanien a obtenu dans l'une ou l'autre de ces contrées le succès auquel la Commission de la Chambre des Députés paraît croire, je comprends que l'on tente de l'importer et de l'acclimater chez nous ; mais si les essais qui ont été faits en Amérique et en Angleterre n'ont produit jusqu'à présent que des résultats funestes, on m'accordera qu'il y aurait imprudence et danger à se jeter dans la même voie.

« Toute peine doit être ce que le législateur a voulu qu'elle fût, rien de moins, mais aussi rien de plus. Quand on condamne un malfaiteur à l'emprisonnement, il ne faut pas que cette détention abrège sa vie, parce qu'alors on se trouve l'avoir condamné à mort. La loi manque alors de franchise, et la justice de dignité. Voilà ce qui arrive dans le système de l'emprisonnement solitaire ; les cas nombreux d'aliénation mentale qui se sont déclarés parmi les détenus soumis à ce régime, prouvent clairement que l'effet de la peine dépasse l'intention avouée du législateur.

« Le pénitencier de Philadelphie, *Eastern Penitentiary*, est le premier dans lequel on ait mis l'emprisonnement solitaire en vigueur ; c'est aussi la maison où ce système a produit les plus tristes résultats. La Commission de la Chambre des Députés

reconnaît dans son rapport qu'il y a eu à Philadelphie un certain nombre de surexcitations mentales
qui, s'étant manifestées dans la prison, peuvent être
attribuées au régime qui y est en vigueur. Après
un pareil aveu je ne conçois pas que la Commission
ait passé outre. En effet, si le but qu'on se propose en
renfermant les malfaiteurs dans les prisons, est non
pas d'éteindre leur intelligence, mais seulement de
les priver de leur liberté, comment des hommes
graves peuvent-ils recommander à la Chambre et à
la France un système qui, dans leur propre opinion,
excède le vœu de la loi au point d'exposer les détenus à la folie?

« Veuillez remarquer, Monsieur le Rédacteur,
qu'en faisant cette concession à ses adversaires,
M. le Rapporteur ne semble pas avoir connu toute
l'étendue des malheurs qu'il constatait. «En 1840, »
dit l'honorable M. de Tocqueville, « il y a eu dans le
pénitencier de Philadelphie dix ou douze cas d'hal-
lucination.» Ce n'est pas là le nombre réel des victi-
mes; d'après les documents officiels que citait le
Times il y a deux jours, on a compté à Philadelphie, en 1838, quatorze détenus atteints de démence
sur 386, ce qui donne la proportion de 1 sur 27.
L'année suivante le nombre des malheureux frappés de folie s'est élevé à dix-huit sur 387 détenus,
ou 1 sur 21. Enfin, en 1840, l'épidémie étendant
ses ravages, il y avait eu, non pas dix à douze, mais
vingt-six cas de démence sur 434 détenus, ou 1

sur 16. La Société des prisons de Boston, dans son dernier rapport, donne les résultats de l'année 1841, et annonce que, dans les cinq années qui se sont écoulées de 1837 à 1841, QUATRE-VINGT-DIX DÉTENUS SONT DEVENUS FOUS DANS LE PÉNITENCIER DE PHILADEL-PHIE. Quel commentaire ne pâlirait devant la simple mention de ces faits !

« Et ce n'est pas dans la Pensylvanie seulement que l'emprisonnement solitaire a porté de pareils fruits. En 1840, le pénitencier de New-Jersey, où prévalut la même règle, a compté douze cas de démence sur 152 détenus. Dans l'État de Rhode-Island les accidents se sont tellement multipliés, sous l'empire du système pensylvanien, qu'on a fini par l'abandonner.

« L'Angleterre s'était d'abord passionnée pour l'emprisonnement solitaire, et le Gouvernement britannique se proposait de l'appliquer dans toutes les prisons ; mais l'expérience n'a pas tardé à dissiper cet engouement irréfléchi. On fit d'abord l'épreuve du système dans le pénitencier de Millbank ; en dix-huit mois quinze détenus y succombèrent et perdirent entièrement la raison. L'on se décida alors à modifier la règle de la maison ; la durée de l'emprisonnement solitaire fut limitée à trois mois pour chaque détenu ; et, après cette période, il leur fut permis de causer entre eux aux heures de récréation. Cette réforme date du mois de juin 1841, et pendant les dix-huit mois qui suivirent, cinq cas de folie seulement se déclarèrent dans la maison.

« Le rapport de la Commission s'étend, avec quelque complaisance, sur la description de la prison modèle que le Gouvernement anglais a fait construire à Pentonville, dans la banlieue de Londres. Il n'y a pas dix mois que cette maison est habitée, et déjà il a fallu transférer à l'hospice de Bedlam deux détenus qui étaient devenus fous : l'un dès le mois de juin et l'autre dans le mois d'août. Il semble, d'après cela, que l'influence destructive u e ce système d'emprisonnement exerce sur les facultés mentales des détenus soit aussi prompte qu'elle est terrible. A Pentonville, les deux cas de folie se sont déclarés en moins de deux mois. A Philadelphie, suivant le rapport du médecin, sur dix-huit détenus atteints de démence, en 1838, dix avaient perdu la raison après un séjour moyen de cinq mois, et huit après une détention de deux ans. On voit que l'emprisonnement solitaire est une sorte d'empoisonnement à court terme, semblable à ceux qui ont rendu le nom de Locuste fameux dans l'antiquité.

« *Le National* établissait naguère que de trente détenus politiques soumis en France au traitement pensylvanien, deux s'étaient suicidés, un autre avait tenté de s'empoisonner, quatre avaient été frappés de démence, deux étaient tombés dans un état voisin de l'idiotie, et sept avaient été attaqués de maladie assez grave pour qu'on eût jugé nécessaire de les transférer dans d'autres prisons. Des accidents semblables ne sont pas rares en Angleterre, où les prisonniers, dans les geôles des comtés, se suicident ou tentent souvent de se suicider pour éviter les tortures de la cellule de jour et de nuit.

« L'emprisonnement solitaire n'est pas moins nuisible à la santé des détenus qu'à leur raison. « Nous avons examiné, dit le *Times*, les tables de mortalité dans quinze pénitenciers des États-Unis pendant les années 1840 et 1841. Neuf de ces établissements observent la règle d'Auburn (l'emprisonnement cellulaire de nuit et le travail en commun pendant le jour) ; et six la règle de Philadelphie. Dans les premiers, dans ceux où l'emprisonnement solitaire n'est pas en vigueur, la proportion du nombre des décès et celui des détenus a été de 1 sur 45 ; dans les autres, on a compté en moyenne un décès sur 23 détenus. Le même excès dans la mortalité a été remarqué à Millbank pendant que ce pénitencier était rigoureusement soumis au système pensylvanien. J'ajouterai à ce témoignage celui de la Société de Boston, qui dit dans son dernier rapport : « En 1836 et 1837, suivant le rapport du médecin de la prison, les décès à Philadelphie étaient de trois pour cent parmi les prisonniers blancs, et de six à sept pour cent parmi les hommes de couleur. En 1838, de l'aveu des inspecteurs, la mortalité a été plus forte ; ils prétendent cependant qu'il ne faut point accuser l'emprisonnement solitaire de ce résultat. En somme, le nombre des décès à Philadelphie a été d'environ cinq pour cent de 1837 à 1841, tandis que la mortalité moyenne, dans les prisons soumises à la règle d'Auburn, n'était que de deux pour cent.

« M. de Tocqueville emploie toutes les ressources de son talent à pallier ce qu'il y a d'accablant dans ces faits pour le système de l'emprisonnement solitaire ; mais la cause qu'il défend était trop désespérée pour qu'on pût la relever par les prestiges de l'esprit. La méthode de M. de Tocqueville consiste à comparer des situations qui n'ont aucun rapport entre elles. Il reconnaît, non sans difficulté, que l'avantage de la salubrité appartient, en Amérique, aux prisons qui suivent le système d'Auburn ; mais il cherche à ménager une revanche au système pensylvanien, en démontrant que si la prison de Philadelphie est inférieure aux prisons réformées de l'Amérique, elle est supérieure à nos bagnes et à nos maisons centrales, où la mortalité moissonne plus largement les détenus.

« Je ne prétends pas contester ce genre de supériorité ; mais que veut prouver par là M. de Tocqueville ? Est-ce que la question se pose entre la règle de Philadelphie et le régime de nos maisons centrales, entre un ordre quelconque et le chaos ? Les adversaires du système pensylvanien demandent-ils à perpétuer l'état des choses qui existe en France, et qui fait la honte de notre civilisation ? En vérité, la Commission se donne là un facile avantage, en combattant ce que personne aujourd'hui ne défend. Le système des maisons centrales est condamné par tout le monde. L'administration, elle-même, comprend qu'en entassant pêle-mêle, dans ces casernes du vice quinze cents à deux mille détenus, elle les expose à être infailliblement décimés par toutes les maladies de l'ame et du corps.

« Règle générale : La durée moyenne de la vie, dans les prisons, doit être plus grande que dans l'état de liberté. Les prisons ne renferment pas d'enfants en bas âge, et ne renferment que fort peu de vieillards. Des adolescents et des homme faits, que l'on soumet à une existence régulière, saine, et à l'abri des accidents, devraient donc présenter très-peu de mortalité ; c'est ce qui arrive dans les prisons soumises à la règle d'Auburn, où la durée moyenne de la vie est plus longue que dans la société ; mais c'est ce que l'on ne voit pas dans les prisons pensylvaniennes. Voilà les conclusions auxquelles on est conduit en comparant entre elles les prisons réformées des Etats-Unis ; mais aucun rapprochement n'est possible entre des maisons de détention, comme celles de la France, qui attendent une réforme, et des établissements où la réforme a déjà pénétré.

« La dépense d'entretien est encore un chapitre à considérer. Là-dessus, le rapport de la Commission ne présente, en faveur du système pensylvanien, que des présomptions et des espérances. Voici le faits dans toute leur sincérité : de 1827 à 1842 , la prison de Philadelphie a coûté à l'Etat, en dehors des produits des travaux exécutés dans l'établissement, et pour entretenir moins de 500 détenus, la somme de 320,000 dollars (1,712,000 fr.) ; dans la même période, les cinq prisons de Wethersfield, d'Auburn, de Sing-Sing, de Charlestown et de Columbus, conduites selon la règle d'Auburn, avaient rapporté, toutes dépenses payées, pour une moyenne de onze ans, la somme de 438,245 dollars (2 millions 344,610 fr.).

« Enfin, le grand argument des partisans du système pensylvanien, consistait jusqu'ici dans la vertu qu'on lui supposait pour prévenir les crimes, et, pour tout dire, dans un effet d'intimidation. Il faut leur enlever ce dernier refuge ; laissons encore parler les faits. Depuis que l'emprisonnement solitaire est en vigueur aux Etats-Unis, le nombre des détenus, au lieu de diminuer, ainsi qu'on l'avait prédit, n'a pas cessé de s'accroître.

« Le pénitencier de New-Jersey, qui ne renfermait, en 1836, que 115 prisonniers, en a reçu 141 en 1836, 168 en 1838, 170 en 1839, et 182 en 1840. Dans le pénitencier de Philadelphie, et sans remonter aux trois premières années, qui pouvaient passer pour un temps d'épreuve, on comptait 125 détenus en 1833, 144 en 1834, 266 en 1835, 360 en 1836, 386 en 1837, 387 en 1838, 417 en 1839, et 454 en 1840. D'après le rapport

6

fait par les inspecteurs, il paraît que sur 1,480 détenus, qui sont entrés dans cette prison depuis l'ouverture de l'établissement, jusqu'au premier janvier 1842, 460, ou 31 sur 100, étaient en état de récidive, et avaient été emprisonnés là ou ailleurs, depuis deux jusqu'à neuf fois. On aura beau compulser nos annales criminelles, on n'y trouvera pas de plus tristes résultats.

« Ainsi, le nombre des récidives aux Etats-Unis, sous l'empire de la réforme pensylvanienne, est tout aussi considérable que dans les pays comme la France, où aucune espèce de réforme n'a été encore installée. Doit-on en conclure que l'emprisonnement solitaire n'intimide pas les criminels ? Je suis loin de le penser ; et j'aurais mauvaise grâce à le dire en face de la déclaration du médecin de Philadelphie, qui, partisan lui-même du système pensylvanien, reconnaît cependant qu'après avoir passé une année dans la prison, les détenus qui ne deviennent pas fous voient décliner tout ensemble leur vigueur physique et l'énergie de leur esprit. Il est impossible que l'on ne redoute pas un châtiment qui agit sur l'organisation avec cette effroyable puissance ; mais les hommes redoutent aussi la peste, ce qui ne les empêche pas de trafiquer avec les contrées qui en sont le foyer.

« On se fait une déplorable illusion, si l'on imagine que la terreur dans l'ordre pénal puisse tenir lieu de tous les principes. Il ne sert de rien d'effrayer

les coupables, quand on néglige en même temps de
les amender et de les mettre, après leur libération,
à l'abri des occasions de mal faire qui viennent les
assiéger. Voilà, si je ne me trompe, la plus grave la-
cune du projet, qui est commune au Gouvernement
et à la Commission. Le plan ministériel prouve que
l'on s'est préoccupé à l'excès du danger des communications entre les détenus ; mais il atteste aussi que
l'on veut faire très-peu de chose pour leur amendement, et qu'une fois sortis de la cellule solitaire, on
les abandonne entièrement à leur malheureux sort.
Connaissez - vous un système plus imprévoyant et
plus inconséquent à la fois ? Et qu'importe, je vous
prie, à la société, que l'on réforme ou que l'on ne
réforme pas les prisons, si les détenus, après l'expi-
ration de leur peine, doivent être lâchés sur elle
comme autant d'oiseaux de proie ? La réforme pénale
est un non-sens quand on ne comprend pas, à côté
des établissements pénitentiaires, des colonies pour
les libérés. Tant qu'on séparera les deux choses, quelque système d'emprisonnement que l'on adopte, on
ne fera rien de sérieux.

« Je crois encore que toutes les combinaisons ne
sont pas également bonnes pour tous les peuples ;
dans ma conviction, le système des prisons doit être
comme la loi elle-même, fortement empreint du caractère national ; l'observation des mœurs particulières à chaque race en est nécessairement le point
de départ. Le rapport de la Commission traite fort

légèrement cette opinion qui ne m'est pas personnelle, et qui peut se déduire de l'étude de toutes les législations. M. de Tocqueville a vu à Philadelphie, dans les débuts de l'emprisonnement solitaire, deux ou trois Français à qui le régime ne semblait pas avoir encore été fatal, et voilà l'argument capital que l'on oppose à un principe dont le temps a éprouvé la valeur.

« Un dernier mot : l'emprisonnement solitaire, appliqué avec la plus extrême rigueur, ne prévient pas, comme on l'avait espéré, les communications entre les prisonniers. A Philadelphie, en 1835, les détenus, en communiquant entre eux par les conduits qui aboutissent à chaque cellule, avaient concerté une insurrection générale. A Glascow, plusieurs classes de prisonniers sont assujetties au régime commun. A Pentonville, malgré les masques dont on couvre la figure des détenus, je les ai vus causer ensemble en se rencontrant dans le trajet des cellules aux cours. On s'était proposé l'impossible ; faut-il s'étonner si la tentative n'a pas été couronnée de succès ?

« Au reste, les défenseurs du système ont recours à toute espèce d'expériences pour en atténuer l'horreur. A Pentonville, l'emprisonnement solitaire s'appelle la discipline d'épreuve ; dans le rapport de la Commission, il prend le nom d'emprisonnement séparé ou individuel.

« Ce n'est pas tout ; la loi qui autorise la construc-

tion de Pentonville limite à dix-huit mois la durée
de l'épreuve solitaire pour les détenus, et le projet
de loi présenté par le Gouvernement français dis-
pose qu'après une détention séparée qui aura duré
douze ans, le détenu devra être admis au bénéfice
du régime commun. Pourquoi ces tempéraments, si
l'emprisonnement solitaire est aussi bienfaisant qu'on
l'a prétendu? Si la santé du corps s'en trouve bien,
si la raison y résiste, pourquoi en limiter la durée?
Ou la Commission a bien peu de confiance dans son
système, ou elle oublie beaucoup trop que la logi-
que est le courage de l'esprit. »

Léon Faucher.

P. S. Il vient de paraître un nouvel ouvrage de
M. Venuste Gleizes, commissaire de la marine, directeur du bagne de Brest, qui déclare aussi que le
système pénitentiaire, *contraire à l'humanité et à
l'intérêt de la société, comme au caractère national, doit être rejeté;* et il réfute par des faits constatés le rapport du 5 juillet.

RÉSUMÉ DES DOCUMENTS.

Ainsi on peut dire que la question de la réforme des prisons se trouve résumée tout entière dans la réfutation du rapport du 5 juillet 1843.

En deux mots : *diminution notable des crimes en France*, proclamée par M. le Garde des Sceaux; *diminution du nombre des récidives*, affirmée par M. le Garde des Sceaux et constatée par les chiffres officiels de ses prédécesseurs ; voilà ce qui prouve que la réforme des prisons n'est pas réclamée *par un grand besoin social.*

Toutefois, si on veut réformer les prisons, c'est-à-dire améliorer leur état, réprimer les abus, que faut-il ? Consulter la pratique plus que la théorie ; les hommes qui sont chargés de l'administration et qui en connaissent les difficultés, les hommes, dis-je, qui, étant chaque jour en rapport avec les prisonniers, les ont longtemps étudiés et savent quels ils sont et quels ils peuvent être.

Voilà pourquoi j'ai cité avec tant d'étendue les avis des directeurs des maisons centrales sur chaque partie du régime des détenus, et j'ai prouvé qu'ils réprouvent sur tous les points le système cellulaire. L'un d'eux, dans un écrit particulier, est entré dans tous les détails, afin de réfuter en toutes ses parties le rapport du 5 juillet, et en constater l'inexactitude dans les chiffres et dans les faits.

Comment pouvais-je mieux mettre la vérité sous les yeux de la Chambre? voilà quels sont les actes certains, les faits constatés, les chiffres officiels. Maintenant, Pairs de France et Députés, jugez. Je pourrais attester en faveur de la cause que je soutiens, les droits de l'humanité et les devoirs de la religion; je descends à un seul intérêt, celui de la sécurité du pays; je demande aux hommes charitables d'adopter les principes d'Howard et du duc de La Rochefoucauld-Liancourt, mais je demande aussi aux hommes d'État de pratiquer les préceptes de Montesquieu, de Beccaria et de Pastoret.

Le Mis DE LA ROCHEFOUCAULD-LIANCOURT,
Député du Cher.

FIN.

Erratum. P. 71, au lieu de 1050, lisez 1450 aliénés nouveaux chaque année.

TABLE DES MATIÈRES

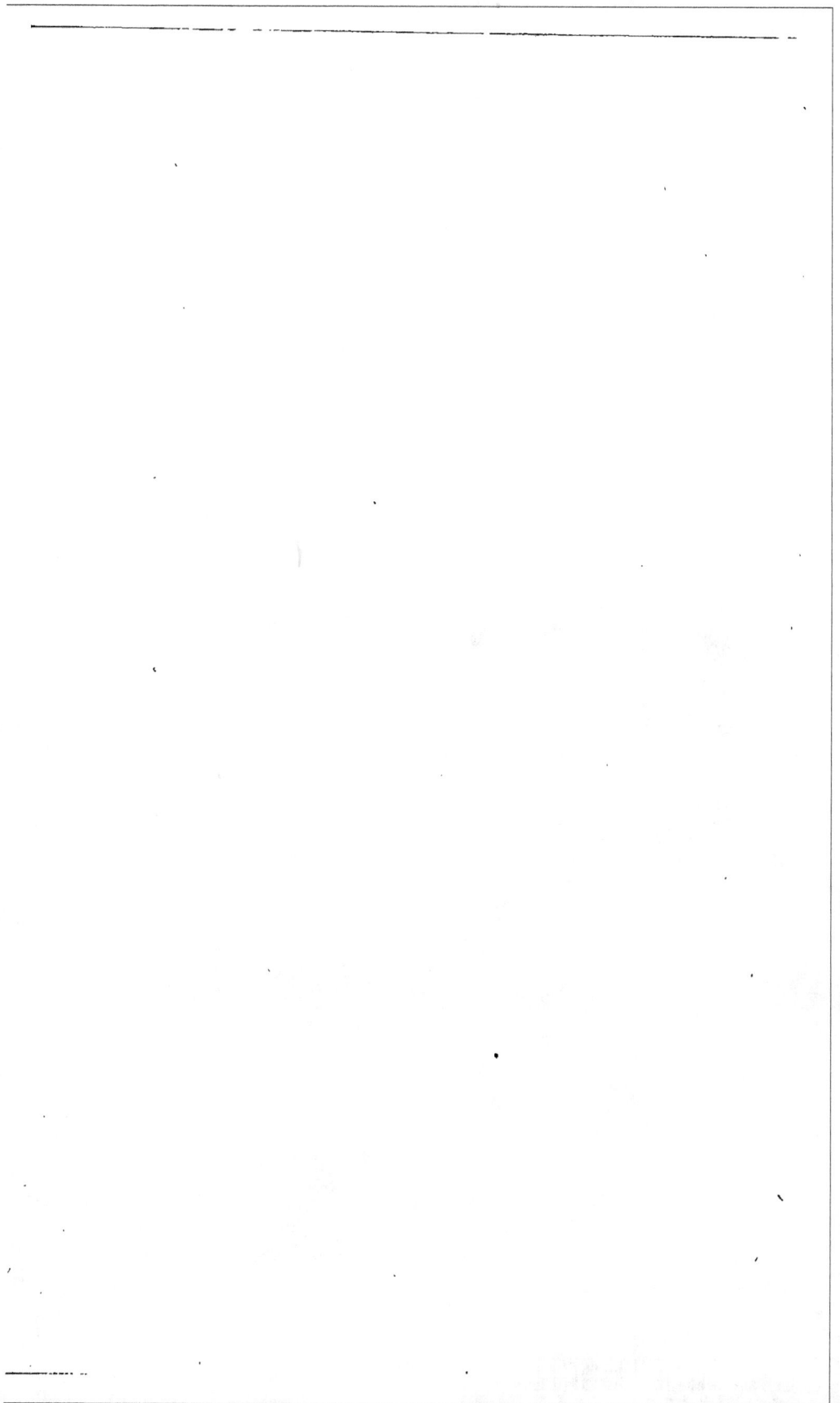

www.ingramcontent.com/pod-product-compliance
Lightning Source LLC
Chambersburg PA
CBHW050559210326
41521CB00008B/1033